Johann Schäfer

Buy what you see - everywhere

Welche Möglichkeiten bietet
die grafische Mustererkennung
zur Verbesserung der Online-Produktsuche?

Bachelor + Master
Publishing

Schäfer, Johann: Buy what you see - everywhere. Welche Möglichkeiten bietet die grafische Mustererkennung zur Verbesserung der Online-Produktsuche?, Hamburg, Diplomica Verlag GmbH 2012

Originaltitel der Abschlussarbeit: Neuronale Netze zur grafischen Mustererkennung bei der Online-Produktsuche

ISBN: 978-3-86341-450-4
Druck: Bachelor + Master Publishing, ein Imprint der Diplomica® Verlag GmbH, Hamburg, 2012
Zugl. FOM Hochschule für Oekonomie und Management Frankfurt am Main, Frankfurt am Main, Deutschland, Bachelorarbeit, Juni 2012

Bibliografische Information der Deutschen Nationalbibliothek:
Die Deutsche Nationalbibliothek verzeichnet diese Publikation in der Deutschen Nationalbibliografie; detaillierte bibliografische Daten sind im Internet über http://dnb.d-nb.de abrufbar.

Die digitale Ausgabe (eBook-Ausgabe) dieses Titels trägt die ISBN 978-3-86341-950-9 und kann über den Handel oder den Verlag bezogen werden.

Dieses Werk ist urheberrechtlich geschützt. Die dadurch begründeten Rechte, insbesondere die der Übersetzung, des Nachdrucks, des Vortrags, der Entnahme von Abbildungen und Tabellen, der Funksendung, der Mikroverfilmung oder der Vervielfältigung auf anderen Wegen und der Speicherung in Datenverarbeitungsanlagen, bleiben, auch bei nur auszugsweiser Verwertung, vorbehalten. Eine Vervielfältigung dieses Werkes oder von Teilen dieses Werkes ist auch im Einzelfall nur in den Grenzen der gesetzlichen Bestimmungen des Urheberrechtsgesetzes der Bundesrepublik Deutschland in der jeweils geltenden Fassung zulässig. Sie ist grundsätzlich vergütungspflichtig. Zuwiderhandlungen unterliegen den Strafbestimmungen des Urheberrechtes.

Die Wiedergabe von Gebrauchsnamen, Handelsnamen, Warenbezeichnungen usw. in diesem Werk berechtigt auch ohne besondere Kennzeichnung nicht zu der Annahme, dass solche Namen im Sinne der Warenzeichen- und Markenschutz-Gesetzgebung als frei zu betrachten wären und daher von jedermann benutzt werden dürften.

Die Informationen in diesem Werk wurden mit Sorgfalt erarbeitet. Dennoch können Fehler nicht vollständig ausgeschlossen werden, und die Diplomarbeiten Agentur, die Autoren oder Übersetzer übernehmen keine juristische Verantwortung oder irgendeine Haftung für evtl. verbliebene fehlerhafte Angaben und deren Folgen.

© Bachelor + Master Publishing, ein Imprint der Diplomica® Verlag GmbH
http://www.diplom.de, Hamburg 2012
Printed in Germany

Inhalt

Abkürzungen

Abbildungen

Tabellen

1	**Einleitung**	**1**
	1.1 Einleitende Worte	1
	1.2 Ziel der Arbeit	2
	1.3 Abgrenzung	3
	1.4 Aufbau der Arbeit	4
2	**Aktueller Stand der Produktsuche im Internet**	**5**
	2.1 Suchmaschine	5
	2.1.1 Typen von Suchmaschinen	5
	2.1.2 Aktuelle Suchoptionen für Grafiken	8
	2.2 Produktsuchmaschinen	9
	2.2.1 Definition und aktueller Entwicklungsstand	9
	2.2.2 Mobile-Shopping	10
	2.2.3 Chancen der Erweiterung	11
	2.2.4 Grundidee der Optimierung	12
3	**Neuronale Netze**	**13**
	3.1 Biologische neuronale Netze	13
	3.1.1 Biologisches Vorbild	14
	3.1.2 Biologisches Neuron	14
	3.1.2.1 Klassifizierung des Neurons	17
	3.1.2.2 Myelin	19
	3.1.3 Erregung von Nervenzellen	20
	3.1.3.1 Synapse	20
	3.1.3.2 Ruhepotenzial	22
	3.1.3.3 Aktionspotenzial	22
	3.1.4 Vernetzung von Neuronen	24

	3.2	Künstliche neuronale Netze	25
		3.2.1 Geschichtlicher Überblick	26
		3.2.2 Künstliches Neuron	28
		3.2.3 Vernetzung der künstlichen Neurone	32
		3.2.3.1 Eigenschaften neuronaler Netze	33
		3.2.3.2 Netzschichten	34
		3.2.3.3 Netztopologien	34
		3.2.4 Lernmethoden	36
		3.2.4.1 Lernen	37
		3.2.4.2 Überwachtes Lernen (supervised learning)	38
		3.2.4.3 Unüberwachtes Lernen (unsupervised learning)	40
		3.2.4.4 Bekräftigungslernen (Reinforcement Learning)	40
		3.2.5 Typische Anwendungsbereiche	41
4	**Mustererkennung**		**42**
	4.1	Definition	42
	4.2	Visuelle Mustererkennung beim Menschen	42
	4.3	Grafische Mustererkennung in der Informatik	44
		4.3.1 Grundlegende Ansätze in der Mustererkennung	44
		4.3.2 Musterverarbeitung	46
		4.3.3 Schritte der grafischen Mustererkennung	47
5	**Optimierung der Online-Produktsuche**		**48**
	5.1	Umsetzungsvorschläge	48
		5.1.1 Eigenentwicklung	48
		5.1.2 Aufbau aus bestehenden Teillösungen	50
	5.2	Richtungsweisende Entwicklungen	50
		5.2.1 Amazon App für iPhone	51
		5.2.2 Google Project Glass	51
6	**Kritische Betrachtung**		**52**
7	**Fazit**		**54**
8	**Ausblick**		**55**
Literatur			**56**

Danksagung

An dieser Stelle möchte ich mich bei allen bedanken, die mich während meines Studiums unterstützten. Insbesondere sollen die beiden Korrektoren, für lange Stunden des Lesens, gewürdigt werden.

Meinen Kollegen danke ich für ihr Verständnis bei unpassenden Urlaubstagen in der Studienzeit.

Meinen Freunden dafür, dass sie das Sprichwort mit dem Berg und dem Propheten in den letzten drei Jahren missachteten.

Meiner Familie dafür, dass sie mir genügend Freiraum ließ.

Meiner Freundin, die vieles auf sich genommen hat, damit wir beide trotz räumlicher Distanz fertig studieren konnten.

Ein besonderer Dank gebührt meinen Eltern für ihren Rückhalt in allen Lebenslagen, den Glauben an mich und vor allem für ihre stille Motivation.

Abkürzungen

ADALINE .... Adaptive Linear Neuron: Erstes kommerziell genutztes KNN-System.

App .... Application: Umgangssprachliche Bezeichnung für eine Software eines mobilen Endgerätes

ARPANET ...... Advanced Research Projects Agency Network

ATP .... Adenosintriphosphat

DNS .... Desoxyribonukleinsäure

EVA .... Eingabe Verarbeitung Ausgabe

IBM .... International Business Machines Corporation

IT .... Informationstechnologie

KI .... Künstliche Intelligenz, in der Literatur oft auch als Artificial Intelligence (AI) bezeichnet

KNN .... Künstliche Neuronale Netze

MIT .... Massachusetts Institute of Technology

MTOC .... Microtubule Organizing Center

PC .... Personal Computer

RNA .... Ribonukleinsäure

SOM .... Self-Organizing Maps

SSN .... Spiking Neural Networks

URL .... „Uniform Resource Locator" - ist eine einheitliche Anzeige für Quellen der Web-Inhalte

WWW .... World-Wide-Web: Englisch für Weltweites Netz, Synonym Internet

XOR .... Ein logischer Operator, der ein „exklusives oder", d.h. ein „entweder oder" darstellt

Abbildungen

1	Schematische Darstellung der Suchmaschinentypen; (Links) Metasuchmaschine; (Rechts) Suchmaschine	6
2	Schematischer Aufbau einer tierischen Zelle	15
3	Schematische Darstellung eines Neurons	16
4	Neuronentypen	18
5	Chemische Synapse	21
6	Aktionspotenzialkurve	23
7	Schematische Darstellung eines künstlichen Neurons; (Links) McCulloch-Pitts-Zelle; (Rechts) Biologische Zelle	28
8	(Links) Schematische Darstellung eines künstlichen Neurons; (Rechts) Implementierung im Pseudocode	29
9	Schematische Darstellung der Aktivierungsfunktion: X-Achse Aktivitätslevel; Y-Achse Netzinput	31
10	Feedforward-Netz mit typischen Units Inputlayer = {1,2,3} Hiddenlayer = {4,5} Biasneuron= {6} Outputlayer= {7,8,9}	35
11	Arten der Netzkopplung	36
12	Schematische Darstellung der Hebbschen Lernregel	38
13	Beispiel einer Gesichtsmusterkarte	44
14	Schematische Darstellung einer grafischen Ergänzung der Online-Produktsuche; (Links) Mit eigenentwickelten KNN; (Rechts) Mit vorhandenen Lösungen	49

Tabellen

1   Top 10 - Produktsuchmaschinen - ohne Google-Shopping 10

1 Einleitung

1.1 Einleitende Worte

Die Suchmaschinen haben unseren Zugriff auf die globalisierte Informationswelt revolutioniert. Private wie kommerzielle Nutzung ist alltäglich, für viele sogar unverzichtbar geworden. Beinahe alle in Bits und Bytes zerlegbaren Informationen können heute über das global vernetzte Internet von fast jedem Ort und zu jeder Zeit aufgerufen werden.

Auch, wenn heutige Standards der Informationsbereitstellung in der Menschheitsgeschichte etwas noch nie Vorhandenes darstellen, so ist deren Entwicklungsprozess bei Weitem noch nicht abgeschlossen. Die Komplexität, die durch den individuellen Kontext jeder einzelnen Suche bedingt ist, steigt mit zunehmender, globaler Dimension der zu durchsuchenden Informationsmenge an. Die Innovation der Suchverfahren muss also - mit den Bedürfnissen der Nutzer, dem Stand der Technik und der Angebotssituation - Schritt halten, um die erwartete Ergebnisqualität zu sichern und langfristig zu verbessern. Hierzu ist es unerlässlich, kontinuierlich alternative Wege zu erforschen und neue Modelle zu entwickeln.

Eine dieser Alternativen kann z.B. der Ansatz einer grafischen anstelle einer rein textbasierten Suche sein. Eine ausgereifte Ausführung dieses Verfahrens kann in ihrer kommerziellen Tragweite die nächste evolutionäre Entwicklungsstufe für den ohnehin stetig an Bedeutung gewinnenden Onlinehandel bedeuten (siehe auch Kapitel 2.2.3: „Chancen der Erweiterung" unter „Studie Social Commerce 2012").

Diesen neuen Herausforderungen des Informationszeitalters, das aufgrund globalen Wachstums und stetig steigender Vernetzung zum komplexesten von Menschen geschaffenen System[1] anwächst, kann mit Lösungen aus der Erforschung des besten, bisher bekannten, biologischen Informationsverarbeitungssystems - dem menschlichen Gehirn - begegnet werden.[2]

Der medizinisch-technische Fortschritt versetzt uns heute in die Lage, hochkomplexe und in Jahrmillionen der Auslese optimierte, Vorbilder aus der Natur zu suchen, zu verstehen und technisch zu realisieren. Neuroinformatiker sind daher bemüht, er-

---

[1] Vgl. Prof. Dr.-Ing. Matthias Hollick - Allgemeine Informatik 1 (2012)
[2] Vgl. http://www.3sat.de - Komplexität in der Hirnforschung (2008)

worbene Erkenntnisse aus der Hirnforschung zur Optimierung bestehender Systeme der Informationstechnologie (IT) zu nutzen. Dazu wird unter anderem das Mustererkennungsprinzip der künstlichen neuronalen Netze (KNN) verwendet.

Neuronale Netze bieten, dank ihrer von klassischer IT abweichenden Eigenschaften, neuartige Lösungskonzepte und Einsatzmöglichkeiten. Sie begleiten uns bereits täglich in Form von Mustererkennungssystemen bei Kameras unserer Mobilfunkgeräte bis hin zu Anlagestrategien unserer Investmentfonds.

1.2 Ziel der Arbeit

Zwecks Strukturierung der Arbeit wurden im Titel definierte Schwerpunkte zu Fragestellungen abgeleitet, die im Zuge dieser Arbeit erörtert und nach Möglichkeit beantwortet werden sollen. Diese lauten wie folgt:

„**Neuronale Netze...** *Wie werden die, in ihrem Aufbau, ihrer Verarbeitungs- und Speicherungslogik hochgradig unterschiedlichen Systeme der Biologie und der IT zusammengeführt, sodass die erwünschten Eigenschaften des biologischen Systems durch eine IT-Lösung genutzt werden können?*

...zur grafischen Mustererkennung... *Welchen Aufbau und welche Organisation muss ein auf KNN basierendes System aufweisen, um die zur Fähigkeit grafischer Mustererkennung notwendigen Verarbeitungsschritte abzubilden?*

...bei der Online-Produktsuche" *Welche Möglichkeiten bietet die grafische Mustererkennung zur Verbesserung der Online-Produktsuche?*

1.3 Abgrenzung

Die drei Themen sind im Einzelnen nicht neu und wurden bereits in anderen wissenschaftlichen Arbeiten behandelt. Meine Literaturrecherche ergab jedoch, dass deren Zusammensetzung in der vorliegenden Form noch nicht betrachtet wurde.
Durch die Zusammenlegung der drei Themen kann und soll nicht die gleiche fachliche Tiefe, wie bei einer Einzelbetrachtung, erreicht werden. Des Weiteren wirken sich formale Einschränkungen der Bachelorthesis nicht nur auf die Ausführlichkeit der Behandlung der einzelnen Themen, sondern auch auf die Bezugnahme zu verwandten Themen aus. Dadurch können einige Gesichtspunkte, je nach thematischer Relevanz, nur eingegrenzt, andere gar nicht in die Arbeit eingehen. Folgende Themen wurden, aus genannten Gründen, nicht oder nur stark eingeschränkt behandelt:

- Die Arbeit befasst sich ausschließlich mit grafischen Mustererkennungsmodellen auf der Basis von KNN. Andere Konzepte, wie Fuzzy Systeme etc. sind für diese Ausarbeitung nicht relevant.

- Statt der eigenständigen Entwicklung eines Prototypen sollen vielmehr die theoretischen Grundlagen chronologisch und unter Berücksichtigung der Relevanz vorgestellt und mögliche Optimierungsszenarien aufgezeigt werden.

- Bestehende Lösungen werden als solche in angemessenem Umfang vorgestellt, wobei tiefer gehende Betrachtungen der einzelnen möglichen Entwicklungsszenarien nicht im Fokus dieser Arbeit stehen.

- Die vielfältigen Möglichkeiten und Chancen des Verfahrens eröffnen ungeahnte Kombinationsmöglichkeiten in vielen Bereichen und Technologien. Überschneidungen mit Themen wie Augment Reality, Überwachung (z.B. Echtzeitpersonenverfolgung in videoüberwachten öffentlichen Räumen) etc. konnten in diesem Umfang jedoch nicht berücksichtigt werden.

- Aus dem Bereich der künstlichen Intelligenz (KI) wird ausschließlich der Teilbereich der KNN betrachtet.

- Das Thema der Verantwortung bei Suchmaschinen für gefundene Inhalte ist nicht unumstritten, denn die Regierungen der Länder können gezielt Einfluss darauf nehmen, welche bestimmten Inhalte nicht gefunden werden sollen. Die damit verbundene Zensurunterstellung sowie das kritische Hinterfragen des Suchmaschinen-Quasimonopols werden in dieser Arbeit den eigentlichen Schwerpunkten weichen.

- Obwohl das Thema der Preisgabe persönlicher Daten im Internet auch für die Online-Produktsuche relevant ist, wird es nicht weiter kritisch erörtert.

1.4 Aufbau der Arbeit

Zu Beginn wird ein allgemeiner Überblick über die Themenschwerpunkte, Leitfragen und den Aufbau der Arbeit gegeben.

Das folgende Kapitel befasst sich mit dem aktuellen Stand der Online-Produktsuche. In diesem Zusammenhang werden verschiedene Typen und Funktionsweisen von Suchmaschinen sowie aktuelle Möglichkeiten einer Grafiksuche vorgestellt. Anschließend erfolgt die Betrachtung der Produktsuchmaschinen unter Berücksichtigung der Optimierungsidee durch grafische Mustererkennung.

Der Aufbau und die Funktionsweise der neuronalen Netze ist das Thema des nächsten Kapitels, wobei erst die biologische und anschließend die technische Sicht erläutert wird. Hierbei werden die biologischen und künstlichen Neurone, als wesentliche Bestandteile von neuronalen Netzen, ausführlich beleuchtet. Das Kapitel der Mustererkennung befasst sich mit der visuellen Mustererkennung beim Menschen sowie ihrer technischen Realisierung durch künstliche neuronale Netze.

Nach der Betrachtung der Grundlagen widmet sich ein Kapitel der Vorstellung von möglichen Lösungsansätzen, gefolgt von einer kritischen Betrachtung des Themas. Abschließend wird ein persönliches Fazit formuliert, gefolgt wird es von einem Ausblick auf die zukünftigen Einsatzmöglichkeiten und Potenziale der KNN sowie der Online-Produktsuche.

2 Aktueller Stand der Produktsuche im Internet

Im folgenden Kapitel wird der aktuelle Stand zur Entwicklung, Funktionsweise und zu Typen von Suchmaschinen, gefolgt vom Konzept der Produktsuchmaschine, dargelegt.

2.1 Suchmaschine

Eine Suchmaschine ist in erster Linie ein Programm, das mithilfe eines entsprechenden Suchalgorithmus in der Lage ist, aus einem Suchraum (einer Menge von Elementen) Elemente mit bestimmten Eigenschaften zu identifizieren.[3]

2.1.1 Typen von Suchmaschinen

Ähnlich einem Bibliothekar, bedienen sich heute die meisten Web-Suchmaschinen eines Indizes oder eines Verzeichnisses, in dem meist hierarchisch die Suchbegriffe mit passenden Links zu den Inhalten verknüpft abgelegt sind. Somit geschieht die eigentliche Suche nicht im Web, sondern auf dem weitaus kleineren Index. Die gängigsten Arten der Suchmaschinen werden im weiteren Verlauf dargestellt:

Verzeichnisse sind Webkataloge, die entweder hierarchisch oder netzwerkartig organisierte Sammlungen von Lesezeichen enthalten (einer der ersten und heute noch existierenden Vertreter ist www.Yahoo.com). Die Lesezeichen werden von Menschen eingetragen, redaktionell geprüft und oftmals bewertet.[4] Das sichert zwar eine gewisse Qualität, hat jedoch hohe Personalkosten und oft veraltete Inhalte zum Nachteil.

Suchmaschinen nutzen für die Indexerstellung sogenannte Web-Crawler (spezielle Programme), welche anhand von Uniform Ressource Locator (URL) das Internet durchsuchen. Dazu lesen, analysieren und bewerten sie anhand bestimmter Schlüsselwörter und Kriterien voll automatisiert die Web-Dokumente. Die

---
[3] Vgl. Heinrich, Jana (2010), S. 32
[4] Vgl. SEO-Suchmaschinenkompetenz.pdf (2008), S. 11

Ergebnisse werden nach mehreren Verarbeitungsschritten, der Datenextraktion und -kompression, nach bestimmten Kriterien in die Indexstruktur der Suchmaschine integriert. Ihr Vorteil ist, dass sie - verglichen mit manueller Verzeichnispflege - sehr kostengünstig und inhaltlich stets aktuell sind. Google gehörte mit 81%[5] des Marktanteils zu den bekanntesten indexbasierten Suchmaschinen. Ab Mai 2012 beginnt eine stufenweise Umstellung auf eine semantische Infrastruktur der Suchmaschine, welche nach Google mehrere Jahre andauern wird. Welche Form der Datenhaltung zukünftig die Referenzbasis für Suchanfragen bilden wird, ist zurzeit noch unklar.[6]

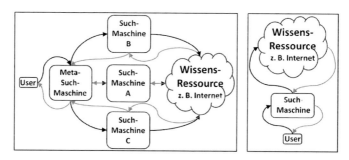

Eigene Darstellung nach: Metasuchmaschine - meta search engine - ITWissen.pdf

Abbildung 1: Schematische Darstellung der Suchmaschinentypen; (Links) Metasuchmaschine; (Rechts) Suchmaschine

Metasuchmaschinen (siehe Abbildung (1)[7]: „Schematische Darstellung der Suchmaschinentypen") nutzen andere Suchmaschinen als Basis für ihre Suche, die Zwischenergebnisse werden - nach eigenen Algorithmen - optimiert und aufbereitet präsentiert. Ihr Vorteil besteht darin, dass sie ein möglichst breites Spektrum an Inhalten für die Verarbeitung der Suchanfrage abgreifen können. Dies begründet sich darin, dass die Suchmaschinen nur einen Anteil des World-Wide-Webs (WWW) erfassen und jede Suchmaschine, durch unterschiedliche Algorithmen und Verfahren, möglicherweise unterschiedliche Bereiche des Webs im Zugriff hat.

---

[5] Vgl. webhits internet design gmbh - Web-Barometer.pdf (2012), S. 4
[6] Vgl. http://pdf.zeit.de/digital/internet/2012-03/google-semantische-suche.pdf (2012), S. 1 f.
[7] Vgl. Metasuchmaschine - meta search engine - ITWissen.pdf (2011), S. 1.

Als Beispiel kann http://www.yasni.de, als eine der meistbesuchten Meta-Personen-Suchmaschinen in Deutschland aufgeführt werden.[8]

Semantische Suchmaschinen (von Semantik = Lehre von der Bedeutung der Zeichen) werden, zusammen mit dem semantischen Web, als die nächste Entwicklungsebene des Internets gesehen. Dahinter verbirgt sich die Idee, Maschinen die Fähigkeit zu geben, die von Menschen zusammengetragenen Informationen mithilfe der Semantik sinnvoll verknüpfen und verstehen zu können. Das Ziel ist im nächsten Schritt, die Fragestellungen der Menschen richtig zu deuten und zutreffende Antworten in ausformulierter Sprache zu liefern.[9] Außer der bereits erwähnten Umstellung von Google können noch zwei weitere Beispiele für semantische Suche genannt werden. Zum einen ist es die, für wissenschaftliche Fragestellungen optimierte, englischsprachige Suchmaschine http://www.wolframalpha.com und zum anderen eine mobile Wikipedia Android-Applikation (App). Dazu ein Auszug aus der Beschreibung:

> „Sprechen Sie Ihre Frage in die App und bekommen Sie schnell die exakte Antwort von Wikipedia! ... Man spricht: „Wann wurde Einstein geboren?" direkt in das Telefon und bekommt exakt die Antwort „14. März 1879" auf den Bildschirm."[10]

Weitere Suchmaschinen stellen verschiedene Hybridformen der oben genannten Typen sowie die sogenannten Verteilte- oder auch Peer-To-Peer-Suchmaschinen vor, wie z.B. http://www.yacy.net. Hierbei handelt es sich um eine Suchmaschinensoftware, die jeder Benutzer auf seinem Personal Computer (PC) installieren kann. Die Software operiert dezentral und bei Bedarf sogar autonom mittels eigen erstellten, lokalen Indizes, welche sie anderen Mitgliedern zur Verfügung stellt. Es erfolgt keine zentrale Speicherung von Benutzerverhalten etc. und das dezentrale Konzept macht eine (auf einzelne Länder beschränkte) Zensur im WWW unmöglich.[11]

---

[8] Vgl. Metasuchmaschinen - Liste, Übersicht Metasuchmaschinen.pdf (2012), S. 2
[9] Vgl. Dengel, Andreas (2011), S. 232
[10] AskWiki - Spracherkennung - Android Apps auf Google Play.pdf (2012), S. 1
[11] Vgl. YaCy - Freie Suchmaschinensoftware und dezentrale Websuche.pdf (2011), S. 1-3

Das folgende Beispiel soll das Vorgehen und die Bedeutung der Extraktion von relevanten Informationen aus der Suchanfrage sowie ihre Bewertung und das Ranking der im Index vorgefundenen Treffer von.[12]

Dafür wird die Suchanfrage z.B. (Mustererke<u>nu</u>ng mit k<u>üs</u>tlichen neur<u>oa</u>len Netzen) in folgenden Teilschritten abgearbeitet und anschließend ausgegeben:

1. Korrektur der Rechtschreibfehler und Vertipper
   (Mustererke<u>nn</u>ung mit k<u>ün</u>stlichen neuro<u>na</u>len Netzen)

2. Trennung in einzelne Wortbestandteile
   (Muster, Erkennung, künstlich, Neuron, neuronal, Netze, usw.),

3. Ergänzung durch Synonyme
   (Muster = (Plan, Design, Idealbild), ... Neuron = (Nervenzelle), usw.)

4. evtl. Ergänzung durch ins Englische übersetzte Begriffe
   (Mustererkennung = pattern matching, Netz = network, usw.)

5. Formulierung neuer Suchanfragen aus extrahierter Informationsmenge

6. evtl. Berücksichtigung weiterer Rankingkriterien, wie die Gewichtung der Quelle (z.B. www.wikipedia.de +1; www.bild.de hingegen -1) usw.

7. Ergebnisse nach Grad der Übereinstimmung mit der Suchanfrage sortieren

8. Duplikate herausfiltern

9. evtl. mit einer Blacklist (eine Liste zensierter Inhalte) abgleichen

10. evtl. thematisch gruppieren

2.1.2 Aktuelle Suchoptionen für Grafiken

Seit wenigen Jahren besteht die Möglichkeit online gestellte Grafiken, also auch Produktfotos, rückwärts zu suchen. Rückwärts meint an dieser Stelle: Von der Grafik zur Information und nicht umgekehrt.

---

[12] Vgl. Tremel Andreas.pdf (2010), S. 18 f., 20 f., 44 f.

Die Bildersuche der beiden Anbieter Google & TinEye[13] wird im Internet gefeiert und gefürchtet, denn die Plagiatsskandale der letzten Jahre und Wochen lassen Konsequenzen aus der neuen Suchfunktion erahnen.[14] Beide Konzepte sind zwar unabhängig voneinander entwickelt worden, bieten jedoch sehr ähnliche Funktionalitäten. Analog zur bekannten Textsuche bei Google wird ein Suchkriterium in Form eines beliebigen Fotos hochgeladen bzw. aus dem Web verlinkt.[15] Danach wird das Web mit speziellen Mustererkennungsalgorithmen nach ähnlichen Bildern durchsucht. Aus dem ersten Suchlauf werden Bildüberschriften, Beschreibungen usw. separiert und im Folgeschritt in einer gewöhnlichen Internetbildersuche verwendet. Die Ergebnisse der beiden Suchläufe werden nach Grad der Übereinstimmung und Bildqualität sortiert und als Suchresultate präsentiert. Mit Plug-ins für Firefox können beliebige Bilder aus dem Internet gesucht werden (rechten Mausklick auf das Bild, dann auf „Search Image on TinEye" bzw. „Search Image on Google"). Die Bildersuche ist zwar von jeder beliebigen Webseite, also auch aus einem Onlineshop möglich, das Ergebnis bietet jedoch keine weiteren funktionalen Kategorisierungsmöglichkeiten. Lediglich bei der Google-Suche bietet das Umschalten auf Google-Shopping - auf den ersten Blick - eine Möglichkeit, das Ergebnis der Bildersuche mit einem Onlineshop zu verknüpfen. In Wirklichkeit wird lediglich eine Google-Shopping-Suche mit der am häufigsten vorkommenden Überschrift des zuvor gesuchten Bildes durchgeführt.

2.2 Produktsuchmaschinen

2.2.1 Definition und aktueller Entwicklungsstand

Eine Produktsuchmaschine ist eine auf Produktdatenbanken optimierte Suchmaschine, die entweder lokal oder online (implizit auch mobil) eine oder mehrere Datenbanken durchsucht. Produktsuchmaschinen werden u.a. von Vergleichsportalen, wie http://www.ciao.de und http://www.billiger.de verwendet. Dabei handelt es sich um Internetseiten, die, ähnlich einer Meta-Suchmaschine, die Suche über mehrere

---

[13] Vgl. TinEye - Rückwärtssuche für Bilder.df (2010), S. 1 f.
[14] Vgl. Guttenbergs Plagiatsaffäre - SPIEGEL ONLINE - Nachrichten.pdf (2012), S. 1 f.
[15] Vgl. Vergleichende Bildersuche mit Google (2011)

Rang	Name	Rang	Name
1	http://de.shopping.com	2	http://www.shopzilla.de
3	http://www.idealo.de	4	http://www.ladenzeile.de
5	http://www.guenstiger.de	6	http://www.preisroboter.de
7	http://www.billiger.de	8	http://www.nextag.de
9	http://www.ciao.de	10	http://www.dooyoo.de

Tabelle 1: Top 10 - Produktsuchmaschinen - ohne Google-Shopping

Onlineshops durchführen (siehe auch Tabelle: „Top 10 - Produktsuchmaschinen"[16]). Ein Onlineshop ist eine, mit einer Produktdatenbank, einem Internetauftritt, einem Warenkorb und einer Bezahlfunktion versehene Software. Demnach werden die Produktdatenbanken, beziehungsweise ihre auf die Produkte verweisenden Verzeichnisse oder Indizes der jeweiligen Onlineshops durchsucht. Die Vorteile eines Vergleichsportals sind i.d.R. die anbieterunabhängige Angebotssuche und die Bereitstellung vielfältiger Filterfunktionen sowie ein übersichtlicher Aufbau der Ergebnisse. Auch, wenn die Verbraucherschützer davor warnen den Ergebnissen der Vergleichsportale blind zu vertrauen, so werden ihre Dienste dennoch gerne genutzt.[17] Bei den meisten Vergleichsportalen handelt es sich um sogenannte „White-Label-Preisvergleichsportale". Dazu zählen zum Beispiel auch solche Giganten, wie http://www.ebay.de und http://www.amazon.de, welche die Suche nicht auf den Datenbanken der Anbieter, sondern auf den hauseigenen durchführen.[18] Die Anbieter der Produkte stellen zuvor ihr Sortiment in deren Datenbanken ein und stellen sich somit der Angebotstransparenz und der dadurch bedingten gestiegenen Konkurrenz.

2.2.2 Mobile-Shopping

Mobile-Commerce ist der Überbegriff, welcher die gesamte mobile Optionspalette des Handels abdeckt. Mobile-Shopping hingegen bezieht sich auf den tatsächlichen Produktkauf mit eventuell vorausgegangener Produktsuche und -recherche etc. Die Grundvoraussetzungen hierfür, wie ein flächendeckender, preiswerter mobiler Internetzugang, Endgeräte mit angemessenem Display zur Produktanzeige und Zugang zu Onlineshops, sind seit wenigen Jahren in nennenswertem Ausmaß vorhanden. Der Mobile-Shopping-Markt wächst mit der verfügbaren Technik, wie folgender Vergleich

---

[16] Vgl. www.marketing-trendinformationen.de - eResult-top-10-produktsuchmaschinen (2012)
[17] Vgl. Süddeutsche - Vergleichsportale im Internet - Helfer, die ratlos machen (2011)
[18] Vgl. www.finanztip.de (2012)

verdeutlicht: 2010 betrieben 1,8 Mio. Menschen in Deutschland Mobile-Shopping mit einem Smartphone, 2011 waren es hingegen bereits 3,8 Mio. Dies stellt mehr als eine Verdopplung innerhalb von nur einen Jahres dar. Dabei bieten die Smartphones nicht nur immer bessere Möglichkeiten des Mobile-Shopping an, sondern sie nehmen auch in ihrer Anzahl, von 20 Mio. zu Beginn des Jahres 2012 bis zu geschätzten 35 Mio. bis Ende des Jahres, stetig zu.[19]

2.2.3 Chancen der Erweiterung

Die Einstellung der Gesellschaft zum Zugang, dem Umgang und der permanenten Verfügbarkeit von Informationen ist einem, beinahe alle Generationen durchziehenden, Wandel unterzogen. Hinzu kommt die, trotz Aufklärung und regelmäßig aufgedeckten Datenpannen, steigende Bereitschaft der Bürger, persönliche Daten und Gewohnheiten online preiszugeben. Viele Informationen sind demnach ganz legal verfügbar und können einen Aufschluss über das Kaufverhalten einzelner Personen ermöglichen. Das Zusammenspiel aus dem Konsumentenwissen über das neue Medium sowie dem im Medium vorhandenen Wissen über den Konsumenten, hat eine direkte Auswirkung auf den Handel und den Konsum. Ein Großteil der personalisierten und damit der profitabelsten Form der Werbung findet sich heute im Internet. Diese Werbung weckt im Online-Konsumenten ein - aufgrund seiner Internetaktivitäten - auf ihn zugeschnittenes Bedürfnis nach einem Konsumgut. Das Medium sorgt zugleich für ein breites Spektrum an Möglichkeiten, welches das geweckte Bedürfnis unmittelbar, etwa durch eine Reihe von Onlineshops, zu befriedigen versucht.[20] Die steigende Bedeutung der Online-Produktsuche wird aus einem Bericht der „Studie Social Commerce 2012"[21] deutlich. Demzufolge hat das Internet 2011 erstmalig die Suche nach Weihnachtsgeschenken gegenüber konventionellen Handel dominiert.

Die Fähigkeit, Produkte nach gleichen Methoden online zu suchen und die Ergebnisse zwischen zwei Shops zu vergleichen, führt zu einer Erhöhung der Transparenz der Märkte im internationalen Warenaustausch.

Parallel dazu lässt sich jedoch auch ein entgegengesetzter Trend der Anbieter erkennen, bei dem die Produkte ganz bewusst - durch Vorenthalten prägnanter Informa-

---

[19] Vgl. FOCUS Online - Mobile Shopping (2012)
[20] Vgl. www.politikundunterricht.de (2010), S. 22 ff.
[21] Vgl. Studie Social Commerce 2012 (2012), S. 5 ff.

tionen - anonymisiert werden. Dies macht den Vergleich von Waren im gewohnten Stil nicht mehr möglich und basiert auf dem Wunsch der Anbieter, andere Faktoren als Produktpreis und -eigenschaften zu entscheidenden Verkaufsargumenten hervorzuheben.

Die Online-Produktsuche bezieht sich demnach in erster Linie auf die Inhalte der Onlineshops und der Vergleichsportale und nicht auf die Begriffs- bzw. Grafiksuche (siehe auch Tabelle: „Top 10 - Produktsuchmaschinen - ohne Google-Shopping").

Aus Sicht des Shop- beziehungsweise des Vergleichsportalbetreibers eröffnet sich die Möglichkeit, dem Konsumenten die Produktsuche zu vereinfachen und somit die Kaufwahrscheinlichkeit zu erhöhen.

2.2.4 Grundidee der Optimierung

Eine Möglichkeit, die Produktsuche im WWW anhand eines Produktbildes zu ergänzen, bietet eine neuartige Suchfunktionalität mit großem praktischen Nutzungspotenzial. So können die Produkte nicht nur anhand von Stichwörtern, wie z.B. Himmelbett, Holz, 200 x 160, Jugendstil gesucht, sondern durch ein Foto ergänzend beschrieben werden.

Die Alternative zur konventionellen Suche bietet das Potenzial zur Verbesserung der Suchergebnisse und Erhöhung der Markttransparenz. Des Weiteren könnte sie in Verbindung mit mobilen Endgeräten eine „On Demand"-Echtzeitproduktsuche ermöglichen (siehe Kapitel 5.2: „Richtungsweisende Entwicklungen").

Eine wesentliche, hierzu benötigte Eigenschaft, ist die Fähigkeit eines IT-Systems, Ähnlichkeiten zwischen Produktfotos herstellen zu können. Dadurch besteht die Möglichkeit diese bei der Online-Produktsuche zu berücksichtigen.

Die benötigten Eigenschaften entsprechen den Merkmalen eines Mustererkennungssystems auf der Basis künstlicher neuronaler Netze, die, durch Nachahmung der Prozesse im menschlichen Gehirn, zur Erkennung und Zuordnung von verschiedenen grafischen Mustern fähig sind.

Nähere Erläuterungen zu einer Umsetzungskonzeption finden sich unter Kapitel 5: „Optimierung der Online-Produktsuche" wieder. Wie und woraus die neuronalen Strukturen entstanden und wie sie aufgebaut sind, wird Kapitel 3: „Neuronale Netze" aufzeigen.

3 Neuronale Netze

Der Aufbau eines KNN orientiert sich in vielen Wesensmerkmalen nahe am biologischen Vorbild. Aus diesem Grund werden im Folgenden - unter Einhaltung der Relevanz sowie Verhältnismäßigkeit der fachlichen Tiefe - erst biologische, dann technische Bestandteile der Neurone und ihrer neuronalen Verbindungen betrachtet.
Zunächst sollen jedoch die Unterschiede von der biologischen und technischen Datenverarbeitung verdeutlicht werden. Die grundlegende unterschiedliche Architektur der Systeme macht einen Vergleich schwierig. Während der Computer die Informationen Bit für Bit auf einer Festplatte in genau definierten Abständen nebeneinander speichert, erfolgt der Speicherungsprozess im Gehirn an mehreren Orten gleichzeitig, je nach beigemessener Bedeutung jedoch zum Teil ungenau (Assoziativspeicher). Ähnlich verhält es sich mit der Verarbeitung, bei welcher der Computer die Befehle in einer fest definierten Abfolge linear ausführt, das Gehirn verarbeitet diese jedoch hochgradig parallel mit gleichzeitiger Speicherung.[22]

3.1 Biologische neuronale Netze

Ein neuronales Netz ist aus Neuronen, d.h. Nervenzellen aufgebaut. Der Zusammenschluss der Neurone erlaubt es Organismen über biochemische Signalübertragung, -speicherung und -verarbeitung logische Operationen in einem Nervensystem durchzuführen.[23] Diese biologischen Programme steuern die gesamte, heute bekannte, Fauna der Erde und somit auch den Menschen. Für jedes unbewusste Augenblinzeln bis hin zu der Formulierung der großen Frage nach dem Sein, sind die spezialisierten, vernetzten Zellen in unserem Organismus verantwortlich. Für eine angemessene Betrachtung der künstlichen neuronalen Netze ist ein grundsätzliches Verständnis des biologischen Vorbildes erforderlich. Dafür werden in den folgenden sechs Kapiteln die wesentlichsten Grundlagen zum Aufbau und zur Funktionsweise von Neuronen und neuronalen Netzen vorgestellt.

---

[22] Vgl. Ruelle, David (2010), S. 61 f.
[23] Vgl. Buddecke, Eckhart (1994), S. 502

3.1.1 Biologisches Vorbild

Das menschliche Gehirn ist ca. 1,4 kg schwer und besteht aus ca. einhundert Milliarden (100.000.000.000) Nervenzellen, welche im Durchschnitt mit tausend weiteren Nervenzellen in unterschiedlichen Beziehungen stehen. Dabei sind einige dieser Nervenzellen mit bis zu zehntausend weiteren Neuronen verbunden.[24] Die in Netzwerken des menschlichen Gehirns vorhandenen Kombinationsmöglichkeiten neuronaler Verbindungen übersteigen sogar die Anzahl der Atome im Universum.[25] Bestimmte Gehirnareale, wie z.b. der Hypothalamus, sind für spezielle Aufgaben optimiert. Der Hypothalamus reguliert u.a. die Körpertemperatur und den Schlaf. Die Funktionsweisen und die Aufgaben der Hirnareale können insbesondere durch deren Fehlfunktion erkannt und erforscht werden. Wie die „Neue Züricher Zeitung" vom 26. November 2008 berichtete, führte eine schwache Verbindung zwischen bestimmten Hirnarealen zu der sogenannten Gesichtsblindheit. Jedes der drei Areale funktionierte für sich genommen fehlerfrei. Über den Sehnerv ankommende Reize werden nach ihren Eigenschaften beurteilt, aufgeteilt und zur parallelen Verarbeitung an die Areale weitergegeben. Erst beim Zusammensetzen der Informationen sollte das Gesicht und die mit ihm verbundenen Erinnerungen und Gefühle entstehen. Doch genau das scheint in diesen Fällen, aufgrund lückenhafter Verbindungen der Areale, nicht zu funktionieren.[26]

3.1.2 Biologisches Neuron

Das Neuron (auch Nerven- oder Ganglienzelle genannt) setzt sich im Wesentlichen aus drei Teilen zusammen: Dem Zellkörper (Soma), den Dendriten und dem Axon. Zwischen dem Soma und dem Axon befindet sich der sogenannte Axonhügel. Wie alle tierischen Zellen (siehe Abbildung (2)[27]: „Schematischer Aufbau einer tierischen Zelle") enthält der Zellkörper einen (4) Zellkern (Nucleus). Die äußere Schicht des Somas ist von einer (1) Zellmembran (Plasmalemma) umhüllt, das Innere ist mit Zellflüssigkeit (Cytoplasma) gefüllt.

---

[24] Vgl. Grillparzer, Marion (2006), S. 32 ff.
[25] Vgl. Heim (2009), S. 210
[26] Vgl. Neue Zürche Zeitung - Online - Nicht jeder erkennt Gesichte.pdf (2008)
[27] Vgl. Gesellschaft für Information und Darstellung mbH

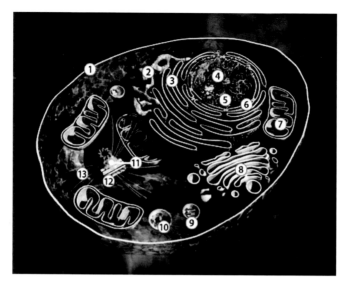

Nach: BIO-DVD-026-Zelle-II-Tierische-Zelle
Abbildung 2: Schematischer Aufbau einer tierischen Zelle

Um den Nukleus herum befinden sich (5) das Chromatingerüst und (6) die Kernhülle.[28] Die beiden Organellen schützen das Erbgut (Desoxyribonukleinsäure (DNS)) und ermöglichen ein kontrolliertes Auslesen. Die, als Ribonukleinsäure (RNA) ausgelesenen Informationen werden für die Proteinbildung an das (2) glatte und das (3) raue endoplasmatische Retikulum weitergegeben. Dort entstehen mithilfe von Ribosomen Proteine, die anschließend in speziellen Bläschen gesammelt und vom sogenannten Transportvesikel in und außerhalb der Zelle transportiert werden.[29]

Die (12) Centriolen wirken bei den Transport- und Stützaufgaben der Mikrotubuli sowie der Bildung zweier neuer Zellkerne während der Zellteilung (Mitose) mit. Dabei unterstützen sie das sogenannte Kernteilungsspindel beim Auseinanderziehen der Erbgutinformationen (Chromosomen). Die (13) Mikrotubuli sind kleinste Proteinröhrchen, welche als zelluläres Skelett betrachtet werden können. Sie entstehen u.A. am sogenannten (11) Zentrosom (oder auch Microtubule Organizing Center (MTOC)[30] und wachsen dann in eine vorbestimmte Richtung.

Außerhalb des Zellkerns befindet sich weiteres Erbgut in den (7) Mitochondrien, den

---

[28] Vgl. Lippert, Herbert (2000), S. 21-25
[29] Vgl. Heinrich, Peter C., Löffler, Georg, Petrides, Petro E. (2006), S. 210
[30] Vgl. Doerr, Hans W., Gerlich, Wolfram H. (2009), S. 37

Kraftwerken der Zelle. Sie sind für die Atmung der Zelle verantwortlich und bilden durch Nährstoffabbau das energiereiche Molekül Adenosintriphosphat (ATP), mit dessen Hilfe chemische, mechanische sowie osmotische Arbeit in der Zelle verrichtet werden kann.

Der (8) Golgi-Apparat erfüllt weitere Stoffwechselaufgaben in der Zelle und ist für die Modifizierung der aus dem endoplasmatischen Retikulum stammenden Proteine sowie der Bildung von neuen speziellen Proteinen und Hormonen zuständig.[31]

Die (9) Lysosome können als kleine Verdauungsbläschen der Zellen angesehen werden. Sie nehmen komplexe Biopolymere auf und zerlegen sie mithilfe einer Säure in ihrem Inneren zu einfacheren Monomeren, die für den Zellstoffwechsel benötigt werden. Weitere Verdauungsbläschen sind die (10) Nahrungsvakuolen. Sie sind in der Lage z.B. die extrazelluläre Flüssigkeit mit Nährstoffen aufzunehmen, sie mit Verdauungssäften zu spalten und die Nährstoffe an die Zelle abzugeben. Unverdauliche Komponenten werden durch das Verschmelzen der Bläschenhaut mit der Zellhaut wieder aus der Zelle heraustransportiert.[32]

Für die Informationsübertragung zwischen den Nervenzellen haben Neurone

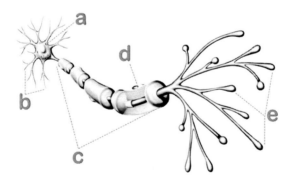

Nach: Neuron-Gesundheits-Lexikon-jameda.pdf (Neuron)
Abbildung 3: Schematische Darstellung eines Neurons

(siehe Abbildung (3)[33]: „Schematische Darstellung eines Neurons") ein bis zu einem

---

[31] Vgl. Hirsch-Kauffmann, Monica, Schweiger, Manfred (2006), S. 33-36
[32] Vgl. Wiki des Max-von-Laue-Gymnasiums - Das elektronenmikroskopische Bild der Zelle (2011)
[33] Vgl. Gesundheits-Lexikon-jameda (Neuron)

Meter langes, in Synapsen endendes, Axon (c). Die wahre Größe des Axons wird erst im Vergleich zu den restlichen Bestandteilen des Neurons deutlich. So ist beispielsweise das Soma (a), je nach Zellart, lediglich ca. 5 bis 100 Mikrometer (0,000001 m) und die Dendrite ca. 200 Mikrometer lang.[34] Somit ist das Axon ca. 333.333-mal länger als der Rest des Neurons. Das Axon stellt mithilfe der Synapsen (e) eine Verbindung vom präsynaptischen zum postsynaptischen Neuron her. Dazu hat das Soma des postsynaptischen Neurons i.d.R. einen (mehrere oder je nach Neuronentyp auch keinen) Dendriten (b). Dendrite sind kleine Auswüchse des Somas, mit denen sich die Synapsen (Axo-dendritische Synapse) der präsynaptischen Neurone oder der sensorischen Zellen zur Informationsübertragung verbinden können. Nicht alle synaptischen Verbindungen gehen über die Dendrite, da manche von ihnen direkt mit dem Soma verbunden (Axo-somatische Synapse) sind. Dendrite können sich, wie auch Axone, an ihren Enden aufspalten. Damit schaffen sie entweder mehr Fläche für ankommende Reize (Dendrit) oder sie versetzen sich in die Lage, mehrere weiter auseinander liegende postsynaptischen Neurone erreichen zu können (Axon). Für eine schnellere und energiesparende Datenübertragung werden die Axone mithilfe spezieller Oligodendrozyten und Schwann-Zellen (d) elektrisch isoliert (siehe auch Kapitel 3.1.4: „Myelin"). Die Anzahl der Dendrite und die Länge des Axons können, je nach Zelle, beliebig variieren, sodass nicht nur eine funktionale, sondern auch eine strukturelle Unterscheidung und Klassifizierung der Neurone vorgenommen werden kann.[35]

3.1.2.1 Klassifizierung des Neurons Neurone lassen sich in ihrer Funktion und Struktur wie folgt klassifizieren.

Funktional: Die Neurone können funktional in drei Klassen gegliedert werden. Bemerkenswert ist dabei das immer wiederkehrende (EVA)-Prinzip, d.h. Eingabe-Verarbeitung-Ausgabe oder in diesem Fall Sensor-, Inter- und Motoneuron:
1) Sensorische (afferente) Neurone tragen Informationen von Rezeptoren in das zentrale Nervensystem.

---

[34] Vgl. Birbaumer, Niels, Schmidt, Robert F. (2005a), S. 23 f.
[35] Vgl. Klöppel, Günter, Kreipe, Hans, Paulus, Werner, Remmele, Wolfgang, Schröder, J. Michael (2012), S. 17 ff.

2) Interneurone sind weder sensorisch noch motorisch funktionalisiert. Sie machen rund 99 % der Nervenzellen aus und bilden das sogenannte zentrale Nervensystem. Ihre Aufgaben sind die Analyse, Verarbeitung, Bewertung und Speicherung der ankommenden Reize sowie eine angemessene Weitergabe von Reaktionsreizen an die motorischen Neurone.

3) Motorische (efferente) Neurone bringen Befehle aus dem zentralen Nervensystem zu den Effektorganen z.B. den Muskeln (Motoneuron) oder den Drüsen.[36]

Strukturell: Die vielen verschiedenen Formen von Neuronen lassen sich nach Anzahl der Fortsätze (Axon wie Dendriten) klassifizieren. Die gängigsten drei Klassen sollen im Folgenden vorgestellt werden[37] (siehe Abbildung (4)[38]: „Neuronentypen"):

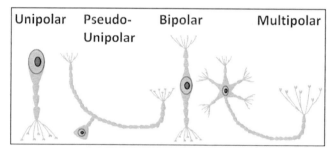

Nach: ebn24 - Standorte - Sonderpublikationen - Unbekanntes Wesen Gehirn -Nervenzellen
Abbildung 4: Neuronentypen

Unipolare Neurone sind die einfachsten Neuronentypen. Sie besitzen ein Axon und keine vom Soma ausgehenden Dendriten, dafür aber am Axon ansetzende dendritische Strukturen. Unipolare Neurone fungieren als sensorische Zellen und übertragen z.B. Temperaturinformationen von der Hautoberfläche an das zentrale Nervensystem.

Bipolare Neurone haben zwei Fortsätze - ein Axon und auf der gegenüberliegenden Seite genau einen verzweigten Dendriten - außerhalb des Somas. Sie sind spezialisierte Sensorneurone für die Vermittlung bestimmter Sinne.

---

[36] Vgl. Hollmann, Wildor, Strüder von Schattauer, Heiko K. (2009), S. 34 ff.
[37] Vgl. Steiner-Welz, Sonja (2009), S. 196
[38] Vgl. ebn24 - Sonderpublikationen - Unbekanntes Wesen Gehirn -Nervenzellen (2012)

Als solche sind sie Teil der sensoriellen Informationsübertragung für Geruchs-, Seh-, Geschmacks-, Tast-, Hör- und Gleichgewichtssinn.

Pseudounipolare Neurone bilden eine Sonderform der bipolaren Neurone. Sie entstehen durch das Verschmelzen der beiden Axonäste, wodurch das Soma nur noch einen, sich später aufteilenden, Fortsatz erhält. Ankommende sensorische Informationen, z.b. eine Berührung auf der Haut, werden von einem Axonast (Peripheres Nervensystem) aus der Haut empfangen und mit dem anderen Axonast (Zentrales Nervensystem) in das Rückenmark weitergeleitet.

Multipolare Neurone sind die häufigste Gruppe. Sie besitzen mehrere Dendrite und ein Axon. Dieses Neuron empfängt ankommende Reize sowohl über die Dendrite als auch über das Soma. Es kommt ausschließlich bei Wirbeltieren, vor allem im zentralen Nervensystem, vor.[39]

3.1.2.2 Myelin

Das Axon wird von einem elektrischen Isolationsmaterial (Myelin) aus mehreren Protein- und Lipidschichten umgeben. Ermöglicht wird dies durch spezielle Zellen, wie den Schwann-Zellen im peripheren Nervensystem (außerhalb von Hirn und Rückenmark) und den Oligodendrozyten im zentralen Nervensystem (innerhalb von Hirn und Rückenmark). Beide Zellarten bilden spezielle Fortsätze, mit denen sie das Axon umwickeln und somit eine schnellere Informationsweitergabe ermöglichen. Die Datenübertragungsgeschwindigkeit nicht isolierter Nervenfasern liegt proportional zur Quadratwurzel ihres Durchmessers. Das bedeutet, um eine Verdoppelung der Datenübermittlung zu erreichen, muss sich ihr Durchmesser vervierfachen, bei einer Verdreifachung sogar verneunfachen. Ist sie hingegen isoliert, so erhöht sich die Übertragungsgeschwindigkeit proportional zum Durchmesser. Demnach verringert sich der Faktor von drei zu neun auf drei zu drei. Betrachtet man das menschliche Rückenmark wird die Bedeutung der Optimierungsmaßnahme schnell klar, denn ohne sie müsste das Rückenmark mehrere Meter breit werden, um die gleiche Menge an Informationen übertragen zu können.[40]

---

[39] Vgl. Liebich, Hans G. (2009), S. 111 f.
[40] Vgl. Facharbeit - A. Steinmetz - NEURONALE NETZE IN BEZUG AUF MUSTERERKENNUNG.pdf (2003), S. 8 ff.

Ein weiteres Beispiel soll die evolutionäre Tragweite der zusätzlichen Myelinisierung der Nervenfasern verdeutlichen. Stellt man die Nervenfasern mit gleicher Übertragungsrate von einem Frosch (myelinisierte Nervenfaser) und einem Tintenfisch (nicht myelinisierte Nervenfaser) gegenüber, so ergibt sich eine Erhöhung des Faserdurchmessers um den Faktor 40, mit einem gleichzeitig um den Faktor 5.000 steigenden Energiebedarf.[41]

3.1.3 Erregung von Nervenzellen

3.1.3.1 Synapse

Das menschliche Gehirn besteht, wie oben geschildert, aus ca. 10^{11} (1.000.000.000.000) Neuronen, wobei die Anzahl der synaptischen Verbindungen aktuell auf ca. 10^{14} (1.000.000.000.000.000) geschätzt wird. Synapsen sind Kontaktstellen der Neurone untereinander sowie zwischen Neuronen und Sinnes-, Muskel- und Drüsenzellen. Je nach Art des Neurons können die Synapsen entweder erregend (exzitatorisch) oder hemmend (inhibitorisch) wirken. Grundsätzlich werden die Reize auf chemischem oder elektrischem Wege weitergegeben.[42]

Chemische Synapse: Das Aktionspotenzial kommt über das Axon als elektrisches Signal bei den Synapsen an und wird als chemische Botschaft (siehe Abbildung (5)[43]: „Chemische Synapse") an das Folgeneuron geleitet. Da die Synapse i.d.R. die Zellmembran nicht berührt (synaptischer Spalt) werden an den Synapsenendknöpfchen beim ankommenden Aktionspotenzial bestimmte Botenstoffe, sogenannte Neurotransmitter, freigesetzt. Diese Neurotransmitter (inhibitorische wie exzitatorische) bewegen sich zur postsynaptischen Zellmembran und beeinflussen ihre Ionendurchlässigkeit, wodurch sich die Ladung im Zellinneren verändert (siehe auch Kapitel 3.1.5.3: „Aktionspotenzial").

---

[41] Vgl. Brand, Matthias, Markowitsch, Hans J., Pritzel, Monika (2009), S. 35
[42] Vgl. Gerlach, Manfred, Warnke, Andreas (2004), S. 5
[43] Vgl. Gesundheits-Lexikon-jameda (Synapse), S. 35

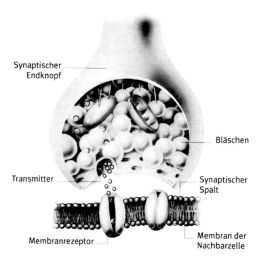

Abbildung 5: Chemische Synapse
Nach: Synapse-Gesundheits-Lexikon-jameda.pdf

Elektrische Synapse (Gap junction): Bei diesem Synapsentyp ist kein synaptischer Spalt vorhanden, d.h. die beiden prä- und postsynaptischen Membrane befinden sich unmittelbar nebeneinander. Verbunden sind sie über spezielle Ionenkanäle (Hemikanäle), welche das Cytoplasma der beiden Zellen verbinden und somit eine schnelle Weitergabe der elektrischen Ladung ermöglichen. Durch das Verbinden des Zytoplasmas sind beide Zellen elektronisch miteinander gekoppelt, die Informationsweitergabe kann nun beidseitig erfolgen. Elektrische Synapsen sind verhältnismäßig schnell und deswegen oft in reflexdominierenden Hirnarealen zu finden. Die Gleichgewichtskerne des Hirnstamms sind für die Stabilisierung des Gleichgewichts beim Menschen zuständig. Hier sind elektrische Synapsen besonders häufig zu finden.[44]

Die Stärke eines synaptischen Impulses ergibt sich (von der Synapsengröße abgesehen) aus der Höhe des Aktionspotenzials, das vom Axon zu den Synapsen gelangt. Die Intensität des Aktionspotenzials bestimmt die freizusetzende Dosis von Neurotransmittern an der Synapse, die wiederum die Ionendurch-

---

[44] Vgl. Ritschel, Günther, Ulfig, Norbert (2011), S. 58 f.

lässigkeit der postsynaptischen Membran beeinflusst. Dadurch wird die Entstehung eines neuen Aktionspotenzials, je nach Neuronentyp, begünstigt oder gehemmt.[45]

3.1.3.2 Ruhepotenzial

Das Ruhepotenzial (oder auch Ruhemembranpotenzial) ist ein Gleichgewichtsverhältnis mit abweichender Ionenspannung an der Neuronenmembran. Zustande kommt es durch die im intra- wie im extrazellulären Raum befindlichen Moleküle, welche sich im Wasser zu unterschiedlich geladenen Ionen lösen. Aufgrund von Durchlässigkeitseigenschaften der Zellmembran können die einzelnen Ionen sich nicht gleichmäßig auf beide Seiten der Zellmembran verteilen. Verursacht wird dies durch spezielle Natrium-Kalium-Ionenpumpen, die unter Einsatz eines ATPs drei positive Na^+-Ionen (Kationen) aus der Zelle befördern, und dafür zwei K^+-Ionen einschleusen. Auf diese Weise erhöht sich der Anteil von negativ geladenen Ionen (Anionen) im intrazellulären Raum im Verhältnis zum extrazellulären Raum.[46] Je nach Zellart und Umgebung stabilisiert sich der Ionentransfer beim Menschen bei einer Spannung von -55 mV bis -100 mV (ein Millivolt ist 0,001 Volt). Dieser stabile Zustand wird als „Ruhepotenzial" bezeichnet.[47]

3.1.3.3 Aktionspotenzial

Ein, sich (siehe Abbildung (6)[48]: „Aktionspotenzialkurve") im (1) Ruhepotenzial (z.B. bei -70 mV) befindliches Neuron kann durch andere, mit ihm in Verbindung stehende, präsynaptische Neurone gereizt werden. Das Reizen führt zu einer Veränderung der intrazellulären Ladung (Depolarisationsphase (2)). Das Neuron kennt nur zwei Zustände (Alles-oder-Nichts-Regel). Ist der Ladungswert aufgrund ankommender Reize in der Summe unterhalb des Schwellenwertes, dann bleibt das Neuron passiv. Kommen keine weiteren Reize

---
[45] Vgl. CompactLehrbuch der gesamten Anatomie (2003), S. 283 ff.
[46] Vgl. Schandry (1998), S. 7-9
[47] Vgl. Birbaumer, Niels, Schmidt, Robert F. (2005b), S. 34 ff.
[48] Vgl. U-Helmich - Der typische Verlauf eines Aktionspotenzials.pdf (2009)

wird die Spannung wieder bis zum Ruhepotenzial abgebaut. Übersteigt jedoch die Summe der ankommenden Reize den Schwellenwert, so „feuert" das Neuron. Damit ist der Aufbau des Aktionspotenzials sowie die Reizweiterleitung durch alle dem Neuron angehörigen Synapsen an angeschlossene, postsynaptische Neurone gemeint. Bereits bei -50 mV wird der Schwellenwert erreicht, bei dem der Axonhügel die spannungsgesteuerten Na^+-Ionenkanäle öffnet. Hierdurch wird ein kurzfristiger (ca. 1 Millisekunde (ms)) positiver Ladungszufluss in die Zelle eingeleitet. Durch das schnelle Einfließen der positiven Teilchen in das Zellinnere entsteht ein sogenannter „overshot", der die Spannung im Innern der Zelle auf +35 mV erhöht.[49] Das Aktionspotenzial wird durch das Axon

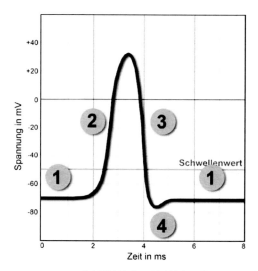

Nach: U-Helmich - Der typische Verlauf eines Aktionspotenzials.pdf
Abbildung 6: Aktionspotenzialkurve

weitergeleitet bis es die Synapsen erreicht. Die Synapsen „feuern" und reizen damit die postsynaptischen Neurone mit denen sie verbunden sind. Solange das Aktionspotenzial andauert werden alle neu ankommende Reize ignoriert bis das Neuron sich wieder in die Ausgangssituation kalibriert hat. Nach dem Aktionspotenzial wird ein weiterer spannungsgesteuerter Ionenkanal aktiviert. Dadurch werden die K^+-Ionen aus der Zelle befördert und das Gleichgewicht

---

[49] Vgl. Kuhlmann-Krieg, Susanne, Vogel, Sebastian (2005), S. 212 ff.

(Ruhepotenzial) von -70 mV wiederhergestellt (Repolarisationsphase (3)). Die Regenerationsphase des Ruhepotenzials (4) basiert auf der Wiederherstellung des K^+- zu Na^+-Ionenverhältnisses. Der Ionenaustausch durch die Zellmembran wird von der Natrium-Kalium-Ionenpumpe sichergestellt.[50]

3.1.4 Vernetzung von Neuronen

Die Neurone sind durch synaptische Verbindungen zu Netzwerken geschaltet. Die funktionale Variationsbreite (neuronale Plastizität) eines neuronalen Netzwerkes setzt sich aus dessen morphologischen und physiologischen Eigenschaften zusammen. Die morphologischen Eigenschaften werden durch die neuronale Netzwerkarchitektur abgebildet. Zusammengefasst stellt es die Summe gerichteter Verbindungen einzelner Neurone zueinander. Die Verbindungen werden als gerichtet bezeichnet, da sie immer nur in eine Richtung, meist von der Synapse zum Neuron und nur selten umgekehrt (siehe auch Kapitel 3.1.5.1: „Synapse" unter „Elektrische Synapse"), verlaufen. Die physiologischen Eigenschaften stellen dagegen die funktionale Abhängigkeit - des morphologisch gleichbleibenden Systems - von einzeln initiierten Vorgängen und deren Folgen dar. In zeitlicher Abhängigkeit zur Zustandskonstellation eines komplexeren Netzwerkes können - bei gleichen eintreffenden Reizen - unterschiedliche Reaktionskaskaden innerhalb des Netzwerkes entstehen und zu abweichenden Ergebnissen führen. Dies ist insbesondere dadurch begünstigt, dass einige Neurone gleichzeitig mehreren Netzwerken angehören und mit ihnen wechselwirken.[51] Zudem kommen ständige Optimierungsmaßnahmen hinzu, die das Netzwerk permanent an die neuen Gegebenheiten anpassen (Adaptivverhalten).

---

[50] Vgl. Bürklein, Dominik, Coad, Jane, Dunstall, Melvin, Weber, Regina (2007), S. 12
[51] Vgl. CompactLehrbuch der gesamten Anatomie (2003), S. 298

3.2 Künstliche neuronale Netze

Die technische Entwicklung der IT wurde vor allem zur Überwindung von Problemen in Militär, Wissenschaft und Forschung vorangetrieben. Als Beispiele seien hier die automatisierte Berechnung der Flugbahnen von Artilleriegeschossen und der erstmalig vernetzte Vorgänger des Internets (ARPANET) zu Beginn der sechziger Jahre genannt. Viele dieser Herausforderungen führten zu Entwicklungen von noch heute gängigen Standards in der IT.[52]

Die Vorteile des Computers gegenüber dem Menschen wird aus der Verarbeitungsgeschwindigkeit und der Ergebniszuverlässigkeit ersichtlich. Dies gilt jedoch nur solange, wie die Exaktheit und die lineare Berechenbarkeit der Problemstellungen gegeben ist. Solche Aufgaben können durch Geschwindigkeit und Kombinatorik einfachster logischer Computeroperationen in wenigen Sekunden gelöst werden. Doch stoßen computergestützte Systeme schnell an ihre Grenzen, sobald sie mit Unschärfen in der Ausgangssituation und mit bedingten Fehlertoleranzen in der Verarbeitungslogik konfrontiert werden. Am deutlichsten äußert sich dieses Phänomen in sogenannten Mustererkennungssystemen, die typisch menschliche Aufgaben wie Gesichts-, Text- oder Spracherkennung bewältigen sollen. Selbst, wenn ein solches System unter optimalen Bedingungen erstaunlich hohe Trefferquoten vorweist, können einfachste Abweichungen der Ausgangssituation, z.B. Farb-, Schatten- oder Perspektivänderungen das Ergebnis unakzeptabel verfälschen.[53]

Biologische Systeme, wie z.B. das menschliche Gehirn, sind dagegen im evolutionären Selektionsprozess durch ihre Fehlertoleranz und ihre Flexibilität erfolgreich. Die dadurch erreichbare Stabilität gibt Anlass zur Nachahmung durch künstliche IT-gestütze Systeme. Diese Neuroinformatiksysteme versuchen mit unterschiedlichen Konzepten der künstlichen Intelligenz die Vorgänge im menschlichen Gehirn auf der Basis von künstlichen Neuronen und deren vernetzten Strukturen nachzubilden.[54]

Nachdem die biologischen Vorgänge und ihre Vorbildfunktion für die KNN

---

[52] Vgl. Die Enstehung des ARPANET und seiner Protokolle.pdf (1998), S. 2
[53] Vgl. Albert-Ludwigs-Universität Freiburg- Grundlagen der Mustererkennung - Prof. Dr. H. Burkhardt (2009), S. 5 ff.
[54] Vgl. Universität Mainz-Apap WI 1997 10-Strecker Stefan.pdf (2012), S. 3

bereits erläutert wurden, können im Anschluss die Verfahren der technischen Umsetzung beschrieben werden.

Nachfolgende Kapitel geben einen Überblick über die Entstehungsgeschichte von künstlichen Neuronen und neuronalen Netzen. Des Weiteren werden die gängigsten Konzepte zu ihrer Organisation und Programmierung durch Schulungsverfahren vorgestellt.

3.2.1 Geschichtlicher Überblick

Die Erforschung der künstlichen neuronalen Netze ist in etwa so alt wie die Informatik selbst. Bereits zu Zeiten des Zweiten Weltkrieges wurden die ersten theoretischen Grundlagen von Mc'Culloch und Walter Pitts erforscht. 1943 veröffentlichten die beiden Forscher in ihrem Artikel: „A logical calculus of the ideas immanent in nervous activity" das Neuronenmodell, welches ein vereinfachtes, mathematisches Modell der Nervenzelle darstellte.[55]

Wenige Jahre später (1949) erschien die Arbeit des Psychiaters Donald Olding Hebb mit dem Titel „The Organization of Behaviour", in der die theoretischen Grundlagen zur Organisation von Neuronen bzw. neuronalen Netzen beschrieben wurden[56] (siehe auch Kapitel 3.2.4.2: „Überwachtes Lernen").

Der erste von Marvin Minsky entwickelte Neurocomputer namens „Snark" wurde 1951 fertiggestellt. Obwohl „Snark" nie eine praktische Aufgabe bewältigen konnte, besaß es erstmals die Fähigkeit die synaptische Gewichtung automatisch vorzunehmen.[57]

Mit „Mark I perceptron" stellte das Massachusetts Institute of Technology (MIT) am 1957/58 unter Regie von F. Rosenblatt und C. Wightman ein funktionierendes, für Mustererkennungsprobleme konzipiertes, System vor. Es war als ein Feedforward-Netz aufgebaut (siehe auch Kapitel 3.2.3.3: „Netztopologien") und erstmalig in der Lage mit einem 20 x 20-Pixelsensor Zahlen zu erkennen.[58]

Mit Adaptive Linear Neuron (ADALINE) erblickte 1960 das erstes kommer-

---

[55] Vgl. Haun, Matthias (1998), S. 7 ff.
[56] Vgl. CS.Uni-Muenster- Einführung in Neuronale Netze - Geschichte.pdf, S. 1
[57] Vgl. Uni-Muenster - Vorlesung-softcomputing-kapitel4-0408, S. 1 ff.
[58] Vgl. www.enzyklopaedie-der-wirtschaftsinformatik.de

ziell genutzte KNN-System das Licht der Welt. Entwickelt wurde das System von B. Widrow und M. E. Hoff zur Echofilterung bei Analogtelefonen.[59]

Anfang der achtziger Jahre entwickelte Prof. K. Fukushima das erste funktionierende Modell zur Erkennung von handschriftlichen Zeichen. Es trägt den Namen „Neocognitron" und besteht aus einem hierarchisch aufgebauten und auf mehrere Schichten verteilten künstlichen neuronalen Netz.[60]

1985 erlebte das, in den letzten Jahren zunehmend vernachlässigte, Thema KNN eine Renaissance, als J. Hopfield mithilfe des sogenannten Hopfield-Netzes das Rundreiseproblem löste.

Beim Rundreiseproblem gilt: Bei gleichem Start- und Ankunftsort sollen alle gewählten Zwischenorte ohne Wiederholungen und mit minimal zurückgelegter Gesamtdistanz aufgesucht werden.[61] Iterativ ist das Problem nicht ohne Weiteres lösbar, denn bereits für eine Reise durch alle 16 Landeshauptstädte existieren über 650 Milliarden verschiedene Reiserouten. Für eine iterative Ermittlung müssten sie alle berechnet und miteinander verglichen werden.[62]

Durch einen explosionsartigen Anstieg der Berechnungskapazität von Computern in den neunziger Jahren konnten zahlreiche KNN-basierte Lösungen in die Praxis Einzug erhalten (siehe auch Kapitel 3.2.5: „Typische Anwendungsbereiche").

Ferner gibt es noch eine weitere Chronologie, nach der die neuronalen Netze generationsabhängig differenziert werden:

Erste Generation: Die Eingaben werden gleichwertig behandelt und nur gezählt. Die Ausgabe des Ergebnisses ist ebenfalls digital (Neuron feuert oder nicht).

Zweite Generation: Die Eingaben werden gewichtet und dann summiert. Es erfolgt eine analoge Ausgabe des intensitätsabhängig, frequenzmodulierten Ergebnisses durch eine spezielle Ausgabefunktion.[63]

Dritte Generation: Bei Versuchen, einfachste biologische Systeme nachzubilden, konnte man theoretisch ermitteln, dass die biologischen Vorbilder eine

---

[59] Vgl. Brecher (2011), S. 765 ff.
[60] Vgl. Lippe, Wolfram-Manfred (2005a), S. 24
[61] Vgl. ebd. Lippe, Wolfram-Manfred (2005a), S. 134
[62] Vgl. Uni-Hannover - Travelin Salesman Problem - noehring-ba (2007), S. 8
[63] Vgl. www.igi.tugraz.at - Einführung.pdf (2000)

vielfach höhere Informationsmenge bewältigen konnten, als ihr logischer Aufbau - nach gängigen Regeln - zulassen dürfte. Hieraus ist die Theorie entstanden, dass eine weitere Verschlüsselung und Verarbeitung von Informationen vorhanden sein muss, die bisher nicht berücksichtigt wurde. Die neue Theorie wurde „Spiking neural networks" (SSN) genannt. Hierbei wird auch der zeitliche Abstand zwischen den einzelnen Aktionspotenzialen (hier auch Spikes genannt) berücksichtigt. Nicht nur die Länge (bzw. Frequenz) des Potenzials, sondern auch die Zeitspannen zwischen den Potenzialen sind entscheidend. In den Konstellationen der Zwischenpotenzialfrequenzen wird eine zusätzliche Informationsverschlüsselung vermutet.[64]

3.2.2 Künstliches Neuron

Ebenso wie das biologische Neuron setzt sich auch das künstliche Neuron aus drei grundlegenden Teilen zusammen: Den Dendriten (Eingabefunktion), dem Soma (Gewichtung- Summierung- Aktivierungsfunktion) und dem Axon (Ausgabefunktion). Das Neuron funktioniert nach dem Grundschema der IT, dem

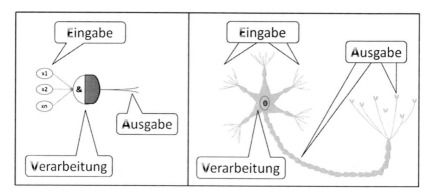

Eigene Darstellung nach: mcCullochPittsZelle.pdf
Abbildung 7: Schematische Darstellung eines künstlichen Neurons; (Links) McCulloch-Pitts-Zelle; (Rechts) Biologische Zelle

EVA-Prinzip (siehe Abbildung (7)[65]: „Schematische Darstellung eines künstlichen Neurons"). Dies macht eine softwarebasierte Nachbildung auf den ersten

---
[64] Vgl. www.morgenstille.at - spiking-neural-networks (2010), S. 7
[65] Vgl. mcCullochPittsZelle.pdf (2006)

Blick einfach. Dennoch ist das künstliche Neuron (auch Knoten oder engl. Units genannt) lediglich ein, in der Neuroinformatik verwendetes Modell des biologischen Vorbildes.[66] Es ist nicht in der Lage alle, dem Neuron eigenen Funktions- und Verhaltensweisen, insbesondere in der Interaktion mit anderen neuronalen Strukturen zu erfüllen. Betrachten wir das Neuron einfachheitshalber als eine im Pseudocode realisierte Alles-oder-Nichts-Funktion: Mit (x) - Eingabewerten, einer Gewichtungs-, Summen-, Aktivierungs- und einer Ausgabefunktion mit (o) - als Ausgabewert wird das Neuron definiert (siehe Abbildung (8): Linkes Bild: „Schematische Darstellung eines künstlichen Neurons"[67] Rechtes Bild: „Implementierung im Pseudocode"[68]).

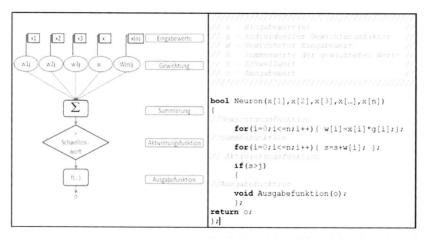

Eigene Darstellung nach: Hochschule Bremen - Einführung in neuronale netze.pdf

Abbildung 8: (Links) Schematische Darstellung eines künstlichen Neurons; (Rechts) Implementierung im Pseudocode

Nachfolgend werden die genannten Funktionen in Bezug auf ihren Aufbau und ihre Aufgaben beschrieben:

Eingabewerte: Als synaptische Eingabewerte werden in diesem Beispiel feste Übergabeparameter der Funktion angenommen. Je nach Netzart können es aber auch weit komplexere, in Frequenz und sogar im Wert variierende Formen sein.

---
[66] Vgl. Kleine-Depenbrock, Stefan, Kromschröder,B., Wilhelm, J. (1997), S. 123 f.
[67] Vgl. Hochschule Bremen - Einführung in neuronale netze (1997), S. 2
[68] Vgl. Kristian Alex - Künstliche neuronale Netze in C (2011)

Im Wesentlichen setzt sich der Eingabewert aus dem Output (o_i) des vorgeschalteten Neurons sowie dessen multiplizierten, individuellen Gewichtungswert zusammen. Die synaptische Verbindung aus der Biologie wird bei künstlichen Neuronen als eine Kante zwischen zwei Knoten bezeichnet. Jede Kante erhält zwecks Unterscheidung einen eigenen Index: (i) für sendenden Knoten und (j) für empfangenden Knoten.

Gewichtung: Die Eingaben werden je nach individueller Gewichtung mit einem Faktor multipliziert. Darüber sollen die Art der Verbindung (exzitatorisch - inhibitorisch) sowie ihre Relevanz (Größe der Synapse) abgebildet werden. Ist die Gewichtung 0, dann existiert keine Verbindung zum Knoten. Mit (x) Eingabewert und (w) individueller Gewichtungswert werden weitere, für die Berechnung des Knoteninputs notwendige Variablen definiert. Demzufolge setzt sich das Aktivitätslevel für einen bestimmten Knoten, aus der Multiplikation des Knotensignals mit dem zugewiesenen Gewichtungswert zusammen:

$$Input_{ij} = x_j \cdot w_{ij}$$

In einigen Modellen wird die Gewichtung der ankommenden Signale in der Propagierungsfunktion vorgenommen. Die logische Trennung der beiden Schritte dient bei dieser Arbeit ausschließlich der Übersichtlichkeit.

Summierung (Propagierungsfunktion): Nachdem die Wertigkeit der einzelnen Eingaben angepasst wurde, wird über alle (1...n) verbundenen Kanten aufsummiert. Dabei fließen die gesamten Werte unabhängig von ihrem Vorzeichen zusammen. Die ermittelte Gesamteingabe (net_j) wird an die Aktivierungsfunktion übermittelt.[69]

$$net_j = \sum_{i=1}^{n} f(Input_{ij})$$

Aktivierungsfunktion: Vereinfacht dargestellt trifft die Aktivierungsfunktion (f_{act}) die Entscheidung über das Erreichen des Schwellenwerts (θ). Ist

---

[69] Vgl. Nellessen, Philipp (2005), S. 36 f.

das errechnete Ergebnis der Propagierungsfunktion größer als der Schwellenwert, so wird die Ausgabefunktion aufgerufen.

$$f_{\text{act}} = f(net_j) - \theta$$

Je nach Art der Netztopologie werden jedoch unterschiedliche Aktivierungsfunktionen benötigt. Der Schwellenwert muss der Aktivierungsfunktion entsprechen. Die Abbildung (9)[70] zeigt verschiedene Formen der möglichen Aktivierungsfunktionen. Die Besonderheiten und funktionalen Unterschiede werden in den Punkten a-d erläutert:

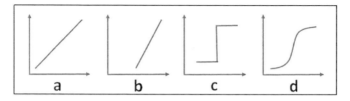

Eigene Darstellung nach: http://cs.uni-muenster.de/Professoren/Lippe/lehre/skripte/wwwnnscript/prin.html
Abbildung 9: Schematische Darstellung der Aktivierungsfunktion:
X-Achse Aktivitätslevel; Y-Achse Netzinput

a) Linearer Zusammenhang zwischen Netzinput und Aktivitätslevel.

b) Beim verrauschten Dateneingang wird eine künstliche Schwelle definiert. Erst, wenn sie überschritten ist werden die ankommenden Daten berücksichtigt. Sie stehen linear zum Aktivitätslevel.

c) Das Aktivitätslevel kennt, je nach Eingabe, nur zwei Zustände (Alles-oder-Nichts-Regel). Nach dieser Regel funktionieren z.B. die einfachen McCulloch-Pitts-Zellen. Als Beispiel sei hier die einfachste Aktivierungsfunktion als Formel aufgeführt:[71]

$$Aktivit\ddot{a}tslevel = f_{\text{act}}(net_j) = \begin{cases} 1, & \text{wenn } net_j \geq \theta \\ 0, & \text{sonst} \end{cases}$$

---
[70] Vgl. cs.uni-muenster.de-Studieren-Scripten-Lippe-wwwnnscript-prin.html - Prinzipien.pdf
[71] Vgl. Kuenstliche Neuronale Netze.ppt, S. 12

d) Sigmoide Aktivitätsfunktion wird aus Gründen der Analogie zum biologischen Vorbild in Modellen, die kognitive Prozesse simulieren, verwendet.[72]

Ausgabefunktion: Abhängig von der Art (bzw. Generation) des Netzes können hier unterschiedliche Ausgaben erfolgen. Bei einfachen Netzen werden die Aktionspotenziale z.B. in Form einer 1 (exzitatorisch) oder 0 (inhibitorisch) gesendet.[73] Komplexere Netze haben eine, der Intensität angepasste, frequenzmodulierte Ausgabe, oder sie enthalten gar den Wert der Aktivierungsfunktion.[74]

Bei sogenannten rekursiven Netzen (siehe auch Kapitel 3.2.3.3: „Netztopologien") können die Ausgaben gleichzeitig auch die eigenen Eingaben sein.

Bias Unit: Die Bias Unit stellt eine Sonderform des künstlichen Neurons dar. Sie enthält selbst keinen Input, sendet jedoch immer ein definiertes Aktionspotenzial. Die folgende Unit entscheidet darüber, ob die Verbindung exzitatorisch oder inhibitorisch gewichtet wird. Die Bias Unit stellt sicher, dass die Folgeunit bei jedem Netzzustand mit mindestens einem Wert versorgt bleibt. Dadurch kann die Folgeunit entweder im aktiven oder passiven Zustand verharren[75] (siehe Abbildung: „Feedforward-Netz mit typischen Units").

3.2.3 Vernetzung der künstlichen Neurone

Die einzelnen Neurone besitzen logische Funktionen und somit die Fähigkeit auf bestimmte Eingaben mit entsprechenden Ausgaben zu reagieren. Ihre besonderen Eigenschaften werden jedoch erst durch deren Verbund möglich. Folgendes Kapitel beschreibt daher die Vernetzung von künstlichen Neuronen.

---

[72] Vgl. http://www.neuronalesnetz.de, S. 9
[73] Vgl. Kristian Alex - Künstliche neuronale Netze in C (2011), S. 3 f.
[74] Vgl. Elke von Lienen-Neuronale Netze in der Robotik.pdf (2002), S. 6
[75] Vgl. http://www.neuronalesnetz.de, S. 10

3.2.3.1 Eigenschaften neuronaler Netze

Neuronale Netze zeichnen sich durch besondere Eigenschaften aus, die für bestimmte Aufgabenstellungen besonders gut, für andere jedoch gar nicht geeignet sind. Die anschließende Aufstellung liefert die wesentlichsten Merkmale neuronaler Netze:[76]

- Lernfähigkeit: Die neuronalen Netze werden nicht programmiert, sondern durch ihren Aufbau dazu befähigt, bestimmte Fähigkeiten zu erlernen (siehe Kapitel 3.2.4: „Lernmethoden").

- Adaptives Verhalten: Dies ist die Fähigkeit neuronaler Netze das erlernte Wissen im laufenden Betrieb weiterzuentwickeln, d.h. sich anzupassen (siehe auch Kapitel 3.1.6: „Vernetzung von Neuronen").

- Massive Parallelität und Hardware-Implementierbarkeit: Die neuronale Verarbeitung verläuft in einem biologischen System vollständig parallel. Um die Verarbeitung dennoch synchron zu halten, sind in regelmäßigen Abständen Rückkopplungsmechanismen in Form von synaptischen Verbindungen vom Netzausgabeneuron zum Eingabeneuron vorhanden.
Technisch wäre es Möglich, die neuronale Parallelität in Form eines Multiprozessorsystems zu realisieren. Ein großer Vorteil wäre dabei, dass die Verarbeitung nicht von einem Prozessor in einer bestimmten Zeit (t), sondern von allen Prozessoren parallel durchgeführt werden könnte.

$$t(neu) = (\frac{Laufzeit}{AnzahlProzessoren})$$

Aktuell werden die KNN durch flexible Softwarelösungen umgesetzt. Es existieren jedoch auch Ansätze, die Neurone auf Hardwareebene zu realisieren[77], wie die Bemühungen der International Business Machines Corporation (IBM) zur Imitation neuronalen Gewebes in der Prozessorarchitektur belegen.[78]

---

[76] Vgl. Prof. Dr.-Ing. Tatjana Lange - Neuronale Netze.pdf (2002), S. 12
[77] Vgl. www.heise.de - Der Hirn-Simulator Technology Review.pdf (2012)
[78] Vgl. IBMs neuer Chip rechnet (fast) wie wir Technology Review (2011)

- Fehlertoleranz: Verrauschte oder unvollständige Daten können dennoch, unter Verringerung der Zuverlässigkeit, verarbeitet werden. Bei einem Hardware implementierten System könnten andere Neuronen die Funktionalität des ausgefallenen Prozessors übernehmen und Dank adaptiver Eigenschaften seine ursprüngliche Verarbeitungslogik erlernen.

3.2.3.2 Netzschichten

Ein künstliches neuronales Netz wird in einer oder mehreren Schichten aus Neuronen (Units) abgebildet. Dabei wird zwischen drei Arten von Units unterschieden:[79]

1) Bei einer Eingabeschicht mit sogenannten „Input Units" werden die Eingabemuster von außerhalb des Netzes empfangen. In mehrschichtigen Modellen ist die Inputschicht oft von der Datenverarbeitung ausgeschlossen.

2) Eine verborgene Schicht mit sogenannten „Hidden Units" befindet sich zwischen der Input- und der Outputschicht. Sie ist von außen weder sichtbar noch (ohne spezielle Lernregeln) manipulierbar und enthält die eigentliche Datenverarbeitungslogik eines künstlichen neuronalen Netzes (siehe Abbildung (10):[80] „Feedforward-Netz mit typischen Units").

3) Die sogenannten „Output Units" der Ausgabeschicht geben die Ergebnisse aus den verarbeiteten Eingaben, samt der im Netz abgebildeten Verarbeitungslogik aus.

Besteht das künstliche neuronale Netz aus nur einer Schicht, so sind alle Units gleichzeitig der Input- wie der Outputschicht angehörig. „Hidden Units" kann es dabei nicht geben.

3.2.3.3 Netztopologien

Unter einer Topologie ist die logische, aber auch räumliche Anordnung der einzelnen Units in einem künstlichen neuronalen Netz zu verstehen. Grundsätzlich wird eine Unterscheidung durch die Anzahl, den Typ sowie die Art von Ver-

---

[79] Vgl. Methoden der Entwicklungspsychologie - Unitschichten
[80] Vgl. Kleine-Depenbrock, Stefan, Kromschröder,B., Wilhelm, J. (1997), S. 127

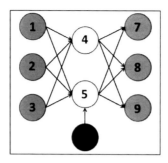

Eigene Darstellung eines nach: Stefan Kleine-Depenbrock, B. Kromschröder und J. Wilhelm

Abbildung 10: Feedforward-Netz mit typischen Units
Inputlayer = {1,2,3}
Hiddenlayer = {4,5}
Biasneuron= {6}
Outputlayer= {7,8,9}

bindungen der Units untereinander vorgenommen. Künstliche neuronale Netze werden ferner nach Kommunikationseigenschaften der Units unterschieden. Werden die Informationen von einer Schicht nur an die darauffolgende Schicht geleitet, spricht man von einem vorwärtsverketteten Netz (siehe Abbildung: „Feedforward-Netz mit typischen Units"). Ist das Netz hingegen in der Lage rekursiv zu agieren, d.h. die Informationen aus der aktuellen Schicht auch an Neurone der vorgeschalteten oder der eigenen Schicht zur Verfügung zu stellen, dann spricht man von einem sogenannten rückgekoppelten (Feedback) Netz[81] (siehe Abbildung (11)[82]:„Arten der Netzkopplung"). Die nachstehende Abbildung stellt den Bezug der einzelnen Feedback-Netzkopplungsarten, gefolgt von deren Charakteristika, nebeneinander:[83]

Direkt rückgekoppelte Netze (Abbildung: Oben links - direct feedback) verwenden die Ausgaben eines Neurons gleichzeitig auch als Eingaben desselben Neurons. Dies kann dazu führen, dass das sendende Neuron sich selbst hemmt und dadurch nicht mehr feuert.

Indirekt rückgekoppelte Netze (Abbildung: Unten links - indirect feedback) sind entsprechend umgekehrt organisiert. Die Signale werden an vorgeschalte-

---

[81] Vgl. Weinberger (2009), S. 28 ff.
[82] Vgl. Studiengang Scientific Programming - Simulation neuronaler Netze.pdf (2010), S. 10
[83] Vgl. cs.uni-muenster.de-Studieren-Scripten-Lippe-wwwnnscript-prin.html - Prinzipien.pdf

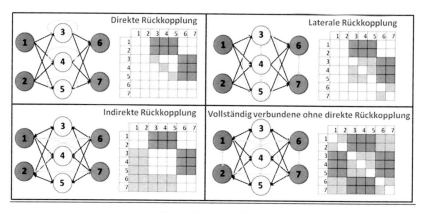

Eigene Darstellung eines nach: Studiengang Scientific Programming - Simulation neuronaler Netze
Abbildung 11: Arten der Netzkopplung

te Schichten, jedoch nicht mehr an die eigene und auch nicht an sich selbst zurückgesendet.

Innerhalb einer Schicht rückgekoppelte Netze (Abbildung: Oben rechts - lateral feedback) werden genutzt, wenn nur ein aktives Neuron in dieser Schicht erwünscht ist. Die Neurone verstärken ihre eigene Eingabe (direct feedback) und hemmen gleichzeitig die anderen Neurone der Schicht. Das hat zur Folge, dass nur eines von ihnen sein Aktionspotenzial weitergeben kann (winner-takes-all-Netzwerk).

Vollständig verbundene Netze (Abbildung: Unten links - z.B. das Hopfieldnetz) haben eine vollständig vermaschte Architektur, wobei alle Units miteinander, jedoch nicht mit sich selbst verbunden sind.[84]

3.2.4 Lernmethoden

Da die Funktionsweise der Neurone seitens der Biologie noch nicht vollständig erforscht ist, muss in manchen Bereichen mit Annahmen und Theorien gearbeitet werden. Diese Arbeitsweise wird bei der Modellierung der künstlichen neuronalen Netze konsequent eingehalten. Daraus entstehen, je nach Art des Netzes und des zu lösenden Problems, unterschiedliche Modelle. Eine der

---

[84] Vgl. Studiengang Scientific Programming - Simulation neuronaler Netze.pdf (2010)

Stärken von künstlichen neuronalen Netzen ist die Fähigkeit, Lösungswege für bestimmte Problemstellungen zu erlernen. Dafür sind unter Umständen lediglich erfolgreiche Beispiele nötig. Aus ihnen leitet das Netz die Lösungsstrategie ab und lernt mit unbekannten Problemen umzugehen.[85] Folgendes Kapitel soll die Arten des Lernens und die wichtigsten Lerntheorien vorstellen.

3.2.4.1 Lernen

Unter Lernen wird die Fähigkeit zur Selbstmodifikation eines Netzes verstanden, wobei das Prinzip von biologischen neuronalen Netzen kopiert wurde. Der Unterschied besteht darin, dass die Synapsen ihre Wertigkeit durch ihre Größe, d.h. durch die Fähigkeit mehr Neurotransmitter freizusetzen, erreichen. Dabei wird über chemische Botenstoffe vom postsynaptischen an das präsynaptische Neuron mitgeteilt, ob das „Feuern" der Synapse zu einem Aktionspotenzial in der Zelle geführt hat. Im zutreffenden Fall wird die Synapse physisch vergrößert (siehe auch Kapitel 3.2.4.2: „Überwachtes Lernen" unter „Hebbsche Regel").

Es stehen folgende drei Arten der Modifikation zur Wahl:

- Entwickeln oder Löschen von Verbindungen zwischen den Neuronen
- Modifikation der Gewichte, des Schwellenwertes sowie der Aktivierungs-, Propagierungs- und der Ausgabefunktionen
- Entwickeln oder Löschen von Neuronen[86]

Das Lernen kann von einer Instanz überwacht (supervised), eigenständig (unsupervised bzw. self-organized) oder als Bekräftigungslernen (Reinforcement Learning) erfolgen.

Besonders wichtig ist dabei die Qualität der Lerndaten. Diese sollte in ausreichender Anzahl vorhanden sein, eine gewisse Repräsentation und Vollständigkeit der Problemstellung abdecken, Redundanzen vermieden werden und insgesamt konsistent sein.[87]

---

[85] Vgl. Kristian Alex - Künstliche neuronale Netze in C (2011), S. 7 ff.
[86] Vgl. Studiengang Scientific Programming - Simulation neuronaler Netze.pdf (2010), S. 13 ff.
[87] Vgl. O. Bittel - NeuroNetze-4.pdf, S. 7

3.2.4.2 Überwachtes Lernen (supervised learning)

Beim überwachten Lernen gibt es einen externen „Lehrer", welcher dem Netz zu den ankommenden Eingabemustern passende Ausgabemuster vorgibt. Die

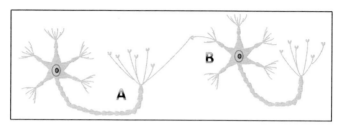

Abbildung 12: Schematische Darstellung der Hebbschen Lernregel
_{Eigene Darstellung eines nach: http://mikro.ee.tu-berlin.de/theses/neuro/ntctnc.pdf}

Netzmodifikation wird von Lernmethoden vorgenommen, von denen die wichtigsten im Folgenden vorgestellt werden.

Die Hebbs Regel ist die einfachste Lernregel, die gleichzeitig über große biologische Plausibilität verfügt. Sie beruht auf der Idee, Verbindungen zwischen gleichzeitig aktiven Neuronen zu stärken und lautet im Original wie folgt:

> „Wenn ein Axon der Zelle A ... Zelle B erregt und wiederholt und dauerhaft zur Erzeugung von Aktionspotenzialen in Zelle B beiträgt, so resultiert dies in Wachstumsprozessen oder metabolischen Veränderungen in einer oder in beiden Zellen, die bewirken, dass die Effizienz von Zelle A in Bezug auf die Erzeugung eines Aktionspotenzials in B größer wird."[88]

Demnach wird die Verbindungsstärke (W_{ij}) zwischen den beiden Neuronen (A & B), bei gleichem Aktivitätslevel von (a_i) und (a_j), um den Lernratefaktor (n) verstärkt. Eine beispielhafte neue Gewichtungsermittlung bei aktuellem Verbindungsgewicht in Höhe von 0,5 und einem Lernfaktor von 2 zeigt folgende Aufstellung:[89]

$$\Delta w_{ij} = n \cdot o_i \cdot a_j$$

---

[88] Heckmann, Manfred, Lang, Florian, Schmidt, Robert F. (2004), S. 231
[89] Vgl. Studiengang Scientific Programming - Simulation neuronaler Netze.pdf (2010), S. 14

$$Positiv: 0,5 + (2 \cdot 1 \cdot 1) = 0,5 + 2 = \text{neue Gewichtung} = 2,5$$

$$Negativ: 0,5 + (2 \cdot -1 \cdot 1) = 0,5 + (-2) = \text{neue Gewichtung} = 1,5$$

Bei der Deltaregel bzw. Widrow-Hoff-Regel wird nach jedem Durchlauf die Differenz zwischen dem (t_j) Soll- und dem (a_j) Istwert ermittelt. Ist die Differenz ungleich 0, wird das Netz entsprechend modifiziert. Die neue Verbindungsstärke wird dafür wie folgt ermittelt:[90]

$$\Delta w_{ij} = n \cdot o_i \cdot (t_j - a_j) = n \cdot o_i \cdot \sigma_j$$

Das zuvor genannten Beispiel mit t=0,5 ändert sich somit wie folgt:

$$Positiv: 0,5 + (2 \cdot 1 \cdot (0,5 - 1)) = 0,5 - 1 = \text{neue Gewichtung} = -0,5$$

$$Negativ: 0,5 + (2 \cdot -1 \cdot (0,5 - 1)) = 0,5 + 1 = \text{neue Gewichtung} = 3$$

Wobei (σ) die Stärke der Gewichtungsmodifikation vom empfangenden zum sendenden Neuron repräsentiert und somit eine individuelle Anpassung ermöglicht.[91]

Die Hebb- und die Deltaregel sind für Topologien mit einer oder mehreren verborgenen Schichten nicht geeignet. Darüber hinaus verfügen sie lediglich über eine lineare Aktivierungsfunktion. Aus diesem Grund sind sie für komplexere Aufgaben, z.B. der Darstellung einer XOR-Schaltung nicht geeignet.

Die Backpropagation ist eine optimierte Weiterentwicklung der Deltaregel, die oben genannte Einschränkungen überwindet. Dabei handelt es sich, wie auch bei der Delta Regel, nicht um eine einzige Lösung, sondern um eine ganze Gruppe von Lernmodellen, die unter einem Namen zusammengefasst werden.[92] Es gibt keine Musterausgabe für die verborgenen Schichten, sondern lediglich für die Ausgabeschicht. Die Korrekturen müssen aber dennoch auch an verborgenen Schichten vorgenommen werden, wobei dies nicht ohne Weiteres möglich ist.[93]

---

[90] Vgl. Studiengang Scientific Programming - Simulation neuronaler Netze.pdf (2010), S. 15
[91] Vgl. tu-berlin.de-ntctnc.pdf, S. 18
[92] Vgl. Maaß-Emden, Jan-Philip (2012), S. 65
[93] Vgl. Paetz, Jürgen (2006), S. 46

In der ersten Phase wird das mehrschichtige Netz mit Zufallswerten versorgt. Als nächstes läuft das Netz mit definierten Eingabemustern durch (Forward Pass) und erzeugt ein Ausgabemuster. Die Ausgabe wird mit den Sollwerten abgeglichen, im Falle eines Fehlers wird eine Entscheidung zur Netzmodifikation getroffen. Anschließend erfolgt eine rückwärtsgerichtete, d.h. von der Ausgabe- zur Eingabeschicht durchlaufende Modifikation der Verbindungsgewichte (Backward Pass). Dabei geht das Netz nach dem, durch die Fehlerfunktion ermittelten Differenzwert vor und versucht größere Abweichungen durch stärkere Veränderungen der Gewichtungswerte zu eliminieren.

Mathematisch gesehen handelt es sich hierbei um das Gradientenverfahren zur Ermittlung eines Minima, in diesem Fall dem minimalen Wert der Fehlerfunktion.[94]

3.2.4.3 Unüberwachtes Lernen (unsupervised learning)

Beim unüberwachten Lernen versucht das Netz den Input, ohne externe Vorgaben nach gemeinsamen Eigenschaften zu gruppieren, d.h. ähnliche Eingabemuster mit gleichen Ausgabemustern zu verknüpfen (Clustering oder Segmentierung).

Das unüberwachte Lernen gilt als das biologisch plausiblere, denn in der Natur gibt es niemanden, der einem alles beibringt. Biologische Systeme sind eigenständig in der Lage, Informationen zu klassifizieren, zu speichern und zu verknüpfen sowie bei Bedarf wieder aufzurufen.[95] Als Beispiel können hier die selbstorganisierenden Karten (englisch Self-Organizing Maps (SOM)) genannt werden.

3.2.4.4 Bekräftigungslernen (Reinforcement Learning)

Im Gegensatz zum überwachten Lernen wird beim Bekräftigungslernen dem Netz nur mitgeteilt, ob die Ausgabe richtig oder falsch war.[96] Realisiert wird

---

[94] Vgl. Facharbeit - A. Steinmetz - NEURONALE NETZE IN BEZUG AUF MUSTERERKENNUNG.pdf (2003), S. 63 ff.
[95] Vgl. Bonfig, Karl W. (1995), S. 168
[96] Vgl. Dugandzic, Damir (2007), S. 13

dies beispielsweise durch evolutionäre Algorithmen, die mehrere, verschieden modifizierte Kopien des Netzes, mit gleichem Input versorgen und die Outputs miteinander vergleichen. Das Netz mit dem, der Lösung am nächsten liegenden Output, wird wieder modifiziert kopiert, der Rest gelöscht usw. Das Verfahren wird solange wiederholt bis ein akzeptables Ergebnis vorliegt, oder die definierte Anzahl von Durchläufen erreicht ist.[97]

Des Weiteren wird der Ansatz des Lernens wie folgt differenziert:[98] Offline Lernen: Eine Reihe von Ereignissen wird zusammengefasst und daraufhin das Netz auf Basis der Durschnittswerte modifiziert. Online Lernen: Die Modifikation des Netzes geschieht nach jedem durchgelaufenen Ereignis.

3.2.5 Typische Anwendungsbereiche

In der alltäglichen Praxis befinden sich zahlreiche künstliche neuronale Netze im Einsatz. Dabei geht es meistens um Klassifikations- oder Prognoseaufgaben. Die Fähigkeiten der neuronalen Netze zur Klassifikation werden u.a. in der medizinischen Diagnostik, der Mustererkennung oder im Finanzwesen, z.B. bei der Kreditkunden- oder Bonitätssegmentierung eingesetzt.[99]

Die Prognose bezieht sich auf die Zeitreihenanalysen, in der mathematisch, statistische Vorhersagen über die Entwicklung von bestimmten Werten auf der Basis von Erfahrungswerten getroffen werden. Das Wissen um die zukünftigen Zahlen ist für die Wirtschaft von besonderem Interesse. Als Beispiel seien hier die Entwicklung von Aktien- und Börsenkursen, die Wettervorhersage oder der zukünftige Stromverbrauch (der ähnlich einer Aktie an der Strombörse gehandelt wird) genannt. Von der Genauigkeit der Vorhersage hängt der Erfolg der strategischen Planung eines Unternehmens ab. Daher ist es besonders wichtig aus bereits vorhandenen Daten richtige Schlussfolgerungen für die Zukunft zu ziehen.[100] Für diese Aufgaben sind die neuronalen Netze aufgrund ihrer Flexibilität und Toleranz gegenüber verrauschten Eingaben gut geeignet.

---

[97] Vgl. Gutenschwager, Kai (2002), S. 86
[98] Vgl. Gerald Sommer - Neuroinformatik.pdf (2008), S. 21
[99] Vgl. Kossa, Wolfgang, Kromschröder, Bernhard, Wilhelm, Jochen (2002), S. 110 ff.
[100] Vgl. www.informatik.uni-osnabrueck.de - Vorhersagen mit Neuronalen Netzen.pdf (1998), S. 4

4 Mustererkennung

In den vorangegangenen Kapiteln wurden wesentliche Grundlagen für die anstehende Betrachtung der grafischen Mustererkennung behandelt. Im folgenden können nun einzelne Schritte der Musterverarbeitung diskutiert werden.

4.1 Definition

Laut Definition nach Burkhardt ist die Mustererkennung eine Theorie der bestmöglichen Zuordnung eines unbekannten Musters oder Beobachtung zu einer Bedeutungs- oder Äquivalenzklasse.[101] Vereinfacht gesagt, es stellt die Fähigkeit eines Systems dar, Gesetzmäßigkeiten in übergebenen Mustern festzustellen. Diese Gesetzmäßigkeiten können unter anderem Wiederholungen, Ähnlichkeiten oder Regelmäßigkeiten sein. Ein Beispiel aus der grafischen Mustererkennung ist das Verfahren bei der Gesichtserkennung, mit stets gleichem Grundmuster, nämlich immer einem gewissen Abstandsverhältnis zwischen Augen, Nase und Mund einer Person.

Das Besondere an Mustererkennungssystemen ist, dass die Fähigkeiten nicht oder nur bedingt einprogrammiert werden können. Sie müssen wie beim Menschen durch Beispielmuster erlernt werden (siehe auch Kapitel 3.2.4: „Lernmethoden").

4.2 Visuelle Mustererkennung beim Menschen

Der Mensch verfügt über eine Reihe von Sinnesorganen über die er die Außenwelt sowie innerkörperliche Vorgänge bewusst oder unbewusst wahrnimmt. Die Sinneswahrnehmung liefert ununterbrochen Informationen an das Gehirn, welche zeitnah analysiert werden müssen. Würden sie alle ungefiltert an das Gehirn gesendet, könnte keine sinnvolle Verarbeitung erfolgen. Deshalb werden die Informationen durch verschiedenste Mechanismen vorverarbeitet, auf wesentliche Merkmale reduziert und klassifiziert. Als ausdrucksvollstes biologisches Vorbild dient hierzu das Zusammenspiel zwischen dem menschlichen

---

[101] Vgl. Prof. Dr. Hans Burkhardt, Institut für Informatik, Universität Freiburg - Grundlagen der Mustererkennung, S. 2

Auge und dem Gehirn. Dabei werden, die auf die Netzhaut einfallenden Lichtsignale in bioelektrische Impulse umgewandelt, im Sehnerv vorverarbeitet und an das Sehzentrum im Gehirn weitergeleitet. Dort werden sie mit den im Gedächtnis verfügbaren Informationen verknüpft und abgeglichen. Die Information erhält jetzt eine Bedeutung. Wird also das Foto einer Person betrachtet, so kann davon ausgegangen werden, dass es sich nicht um die tatsächliche Person handelt. Obwohl es offensichtlich das gleiche Bildmuster auf der Netzhaut erzeugt, wird es anders interpretiert. Neuronale Verbindungen können das Muster eines Fotos - aufgrund des eckigen Rahmens oder der verhältnismäßig geringen Größe der abgebildeten Person etc. - erkennen und die Informationen an Folgeneurone zur Verfügung stellen. Die kognitive Verarbeitung kann nun auf das Foto und nicht auf die dargestellte Person gerichtet werden. Ohne diese Klassifizierung müssten die Eingaben sämtlicher Sensorzellen der Netzhaut in die Verarbeitung einbezogen werden. Dies würde das Gehirn vollständig überfordern und für längere Zeit handlungsunfähig machen.[102]

Die Bedeutung der Mustererkennung wird aus evolutionärer Sicht durch ein einfaches Beispiel deutlich. Ein auf dem Waldboden liegender Ast und eine giftige Schlange hinterlassen auf der Netzhaut ein sehr ähnliches Muster, dennoch sind die Folgen für einen den Ast oder die Schlange berührenden Menschen deutlich unterschiedlich. Es verwundert also nicht, dass heutige technische Systeme bei Weitem nicht an das herankommen, was die Natur in Millionen von Jahren der Auslese hervorbringen konnte.

---

[102] Vgl. www.dr-gumpert.de-sehen (2012)

4.3 Grafische Mustererkennung in der Informatik

4.3.1 Grundlegende Ansätze in der Mustererkennung

Bei der grafischen Mustererkennung wird in der Informatik zwischen drei verschiedene Ansätzen unterschieden. Diese sind für das Konzept einer möglichen Verbesserung der Online-Produktsuche von Bedeutung, weshalb sie im Anschluss erläutert werden (siehe auch Kapitel 5.1.1: „Eigenentwicklung").

Syntaktische Mustererkennung:

Die Objekte (z.B. Obst) werden durch zuvor festgelegte Formen und Farben (z.B. **L**änglich, **R**und; **G**elb, **R**ot) beschrieben und einer Kategorie (z.B. Banane = {L, G}; Apfel = {R, R}) zugeordnet. Die Herausforderung besteht hierbei in der Definition der Formen und deren Zuordnung zu den Kategorien. Die Schwierigkeit erhöht sich, sobald vom Idealbild abgewichen und z.B. eine rote Kochbanane von Vorne fotografiert wird. Das Muster lautet {R, R} = Apfel, was eine falsche Musterzuordnung darstellt.[103]

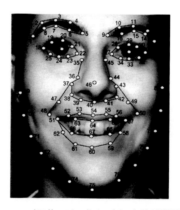

http://www.sciencedirect.com/science/article/pii/S0031320309004786
Abbildung 13: Beispiel einer Gesichtsmusterkarte

Statistische Mustererkennung:

Für jedes Objekt wird zunächst die Wahrscheinlichkeit ermittelt einer der Kategorien anzugehören. Dann wird das Objekt zu der Kategorie mit dem höchsten Wahrscheinlichkeitswert zugeordnet. Technisch wird das Verfahren durch

---

[103] Vgl. Hochschule Konstanz - Prof. Dr. Matthias Franz - Mustererkennung und Klassifikation, S. 14 f.

Vektorrechnung realisiert, wobei jedes Merkmal durch vorgeschaltete Verarbeitungsschritte einen Wert erhält.[104]

Am oberen Beispiel orientiert, werden folgende Merkmalswerte angenommen: **Länglich** = {1}, **R**und = {2}, **G**elb = {3}, **R**ot = {4}.

Daraus ergibt sich folgender Merkmalsvektor (x), der durch eine zuvor festgelegte mathematische Funktion einer Kategorie (Vektorraum) zugeordnet werden kann:

$$\vec{x} = \begin{pmatrix} 1 \\ 2 \\ 3 \\ 4 \end{pmatrix}$$

Strukturelle Mustererkennung:

Dies ist ein Hybrid aus den beiden zuvor beschriebenen Verfahren mit zweistufiger Verarbeitung. In Stufe I wird die Gesamtgrafik syntaktisch grob in definierte Kategorien aufgeteilt, in Stufe II findet eine weitere, statistische und feinere Unterteilung und Zuordnung statt.[105]

Beispiel Gesichtserkennung:

Stufe I: Zu den Kategorien Augen, Nase und Mund werden, anhand der vordefinierten Formen, die Bereiche auf der Grafik festgelegt.

Stufe II: Die Abstände zwischen Augen-, Nase- und Mund- „Formen" werden zu einem Vektor zusammengesetzt. Gleiches geschieht mit Farbe und anderen Eigenschaften sowie weiteren definierten Punkten. Anschließend werden die Werte in Form von Vektoren an eine mathematische Formel übergeben, die dann letztlich eine eindeutige Gesichtsmusterkarte erstellt (siehe Abbildung: „Beispiel einer Gesichtsmusterkarte").

---

[104] Vgl. Martin-Bretschneider-Sturzerkennung-zweibeiniger-Roboter.pdf (2005), S. 14
[105] Vgl. Diplomarbeit Marco Polak.pdf (2008), S. 33

4.3.2 Musterverarbeitung

Grundsätzlich werden vier Varianten der Musterverarbeitung unterschieden: Mustererkennung, Musterzuordnung, Musterergänzung und die Mustereinteilung.[106]

Die Mustererkennung wird am häufigsten in der Sprach- und Bilderkennung sowie der Qualitätskontrolle verwendet. Meistens werden hierzu die Feedforward-Netze benutzt, die anhand von Beispielen auf die Erkennung von bestimmten Mustern geschult werden, um dann die erlangten Fähigkeiten bei einer neuen Eingabemenge anzuwenden. Beispiel Großbuchstabenerkennung:[107]

Input(aaA,bBb,CCc,aaa) -> (KNN) -> Output(001,010,110,000)

Die Musterzuordnung hingegen stellt mithilfe eines Feedforward-Netzes die Zuordnung von einem Muster zu einem anderen her. Dabei erfolgt eine Daten- oder Formattransformation, bei der möglichst wenig Informationen verloren gehen sollen: Das Verfahren wird unter anderem zur Sprach- und Bildkomprimierung oder zur Filterung verrauschter Signale genutzt. Beispiel Alphabetpositionszuordnung:

Input(aaa,bbb,ccc,aaa) -> (KNN) -> Output(1,2,3,1)

Ein weiteres Beispiel aus der Praxis ist die grafische Mustererkennung durch die Kamera zu Nutzeridentifikation an einem Smartphone. Dazu wird aus der Bildaufnahme eine Gesichtsmustersignatur erzeugt und mit den vorhandenen Aufnahmen in der Datenbank abgeglichen.[108]

Die dritte Variante ist die Musterergänzung (Vervollständigung). Kommt hierbei ein unvollständiges Eingabesignal an, dann kann es durch die im Netz gespeicherten Informationen (Assoziativspeicher) wiederhergestellt werden. Es wird dem Muster zugeordnet zu welchem es die geringste Abweichung (Minima der Fehlerfunktion) aufweist. Hierbei werden die Feedbacknetze verwendet. Die Mustervervollständigung kommt unter anderem bei Datenrekonstruktionen zum Einsatz. Beispiel Stringvervollständigung:

Input(a?a,b?b,c?c,a?a) -> (KNN) -> Output(aaa,bbb,cc,aaa)

---

[106] Vgl. Prof. Dr.-Ing. Tatjana Lange - Neuronale Netze.pdf (2002), S. 32 ff.
[107] Vgl. Vockerodt, Vera (2007), S. 11 - 12
[108] Vgl. Apple Patent zur Gesichtserkennung beantragt - News - CHIP Handy Welt (2011)

Bei der Mustereinteilung (Clustering) handelt es sich um ein sehr weit verbreitetes Modell, dass u.a. in der Optimierung eingesetzt wird. Die Clustermerkmale werden selbstständig erkannt und nach Klassenzugehörigkeit zusammengelegt.[109] Technisch ist es als ein einschichtiges, selbstorganisierendes Netz (siehe auch Kapitel 3.2.4.3: „Unüberwachtes Lernen") realisiert. Beispiel Clustering:

Input(aaa,bbb,cc,aaa) -> (KNN) -> Output(6,3,2)

4.3.3 Schritte der grafischen Mustererkennung

Die Mustererkennung setzt sich aus mehreren funktional und hierarchisch angeordneten Teilschritten zusammen.

1) Aufnahme: Die Signale werden je nach Situation in einem bestimmten Format empfangen. Beispiel: *Bilder aus einer Videosequenz einer Kamera werden extrahiert.*
2) Vorverarbeitung: Während der Vorverarbeitung werden die Aufnahmen in das gewünschte Format gebracht und einer speziellen Filterfunktion unterzogen. Beispiel: *Nachbelichten der Bilder.*
3) Merkmalsextraktion: Die vorverarbeitete Grafik enthält spezifische Informationen, anhand derer sie später von anderen Grafiken unterschieden und klassifiziert werden kann. Diese Informationen sind letztlich nur Zahlen, die es zu extrahieren gilt. Beispiel: *Ermitteln von vorhandenen Farben der Grafik.*
4) Merkmalsreduktion: Durch großzügige Varianz werden die ausschlaggebenden von weniger repräsentativen Informationen separiert. Das verringert im Folgeschritt den Rechenaufwand. Beispiel: *Reduzierung der ermittelten Farben auf drei dominierende sowie deren geometrische Positionierung im Verhältnis zueinander.*
5) Klassifikation: Eingabemusterspezifische Festlegung oder Zuordnung zu einer bereits bekannten Klasse. Beispiel: *Das Ergebnis der oberen Schritte ergibt in der 3x3 Matrix eine in der Mitte, von oben nach unten, verlaufende Farbmarkierung von rot-gelb-grün. Die vom Netz ermittelte Klasse lautet Straßenampel.*[110]

---

[109] Vgl. eickelerdiss.pdf (2001), S. 22 f.
[110] Vgl. bernhard.jung - VUSSME - slides - ssme12-slides-1.pdf (2012), S. 26 ff.

5 Optimierung der Online-Produktsuche

Dieses Kapitel stellt die Vorschläge zur Optimierung der Online-Produktsuche vor. Ferner werden zwei Produkte vorgestellt, die eine mögliche Richtung zukünftiger Entwicklungen aufzeigen sollen.

5.1 Umsetzungsvorschläge

5.1.1 Eigenentwicklung

Eine Möglichkeit der Integration grafischer Mustererkennung in eine Produktsuche stellt die Eigenentwicklung eines solchen Systems dar (siehe Abbildung: „Schematische Darstellung einer grafischen Ergänzung der Online-Produktsuche" (linkes Bild)).

An dieser Stelle muss das KNN in seiner gewünschten Form definiert werden.

Die Problemstellung ist sehr vielfältig, denn es könnte jedes Produkt infrage kommen: Von einer lebenden Pflanze bis hin zu einem Ölfilter eines Oldtimers.

Damit ein universales KNN bei der Aufgabenstellung akzeptable Ergebnisse hervorbringen kann, müssen einige Bedingungen erfüllt sein. Entweder werden ausführliche Formen für jede Produktgruppe definiert, die erst erkannt, analysiert und dann mit der Vorgabe verglichen werden (siehe auch Kapitel 4.3.1 „Grundlegende Ansätze in der Mustererkennung" unter „Strukturierte Mustererkennung"). Wobei dies eine sehr aufwendige Struktur und eine genau abgestimmte und ausbalancierte Lerndatenbank erfordert. Die, aus der Anzahl verschiedenster Produktkategorien resultierende kombinatorische Menge aller möglichen Zustände verdeutlicht jedoch, dass ein solches monolithisches System nicht zielführend sein kann.

Viel einfacher wird das Netz, wenn es darauf trainiert wird ganz allgemeinen Merkmalen (wie die Farbabstufungen, die Anzahl und das Verhältnis von einfachen geometrischen Formen zueinander etc.) statistisch zu suchen, zu erfassen und bei ausreichender Ähnlichkeit zum vorgegebenen Bild der richtigen Kategorie zuzuordnen (siehe auch Kapitel 3.2.4.3: „Unüberwachtes Lernen" unter (SOM)).

Zur Verdeutlichung folgt ein Beispiel, welches den schematischen Aufbau des Programms aufführt:

1) Zu Beginn einer Suche werden einige allgemeine stichwortartige Suchbegriffe (z.B. Bett, Holz, 200 x 160, Jugendstil) in dafür vorgegebene Felder der Maske eingegeben. Anschließend wird die Suche durch ein Produktfoto, das hochgeladen oder aus dem Web verlinkt werden kann, ergänzt.

2) Im zweiten Schritt wird eine konventionelle Online-Produktsuche über eine Produktsuchmaschine (z.B. http://www.google.de/shopping) durchgeführt, wobei die Ergebnisse (Produktbilder und -beschreibungen) getrennt gespeichert werden.

Mit wachsender Größe der Datenbasis steigt auch die Wahrscheinlichkeit ähnliche Grafiken zu finden, weshalb die Auswahl auf http://www.google.de/shopping fällt, da es mehrere Onlineshops durchsucht und somit einen breiten Aktionsradius vorweist.

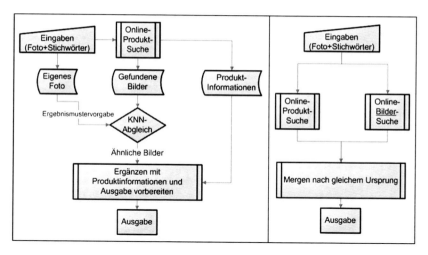

Eigene Darstellung
Abbildung 14: Schematische Darstellung einer grafischen Ergänzung der Online-Produktsuche; (Links) Mit eigenentwickelten KNN; (Rechts) Mit vorhandenen Lösungen

3) Nachdem eine Datenbasis aus Produktbildern erstellt ist, kann der KNN-Abgleich beginnen. Dabei ist es unerheblich nach welchem Modell das KNN umgesetzt wurde, entscheidend ist die Menge der Produktbilder, die zur gleichen Kategorie, wie das vorgegebene Produktfoto zugeordnet werden. Nur diese Produktfotos werden im Folgeschritt beachtet, alle anderen sind nicht mehr in der Auswahl vorhanden.

4) Im letzten Schritt erfolgt die Ausgabe für den Kunden. Dabei werden die zu Beginn getrennten Informationen und Preise wieder mit den Fotos zusammengeführt, sortiert und optisch aufbereitet.

5.1.2 Aufbau aus bestehenden Teillösungen

Als Alternative kann ein Weg der Anbindung bestehender Teillösungen gelten. Dabei werden die im Internet angebotenen Bilder-Rückwärts-Such-Funktionen von TinEye oder Google genutzt (siehe Abbildung: „Schematische Darstellung einer grafischen Ergänzung der Online-Produktsuche" (rechtes Bild)).

Im ersten Schritt wird eine gewöhnliche Online-Produktsuche (möglich auch mehrere Suchläufe auf unterschiedlichen Vergleichsportalen) durchgeführt. Parallel dazu wird eine Bilder-Rückwärts-Suche gestartet. Im nächsten Schritt werden die beiden Ergebnisse zusammengeführt und nach ihrer Ursprungs-URL verknüpft. Die entstandene Ergebnisliste enthält nun auch die anonymisierten Produkte, die zwar in gleichen Kategorien und mit ähnlichen oder gleichen Produktfotos geführt werden, jedoch keine konkrete Marken- oder Typbezeichnung aufweisen.

Der Vorteil gegenüber einer Eigenentwicklung des KNN ist die Möglichkeit der Nutzung einer der weltweit besten Suchmaschinen mit optimierten Suchverfahren. Das Einbinden einer Googlesuche ist kostenlos und kann über die URL http://www.google.de/cse vorgenommen werden. Mit „Google AdSense" kann die Suche auch auf bestimmte vorgegebene Seiten, also auch Onlineshops, beschränkt werden (Einrichtung unter Suchoptionen auf „Nur von mir ausgewählte Webseiten" klicken und die gewünschten Onlineshops eintragen).[111]

5.2 Richtungsweisende Entwicklungen

Der klassische Handel weicht dem Onlinehandel immer mehr (siehe auch Kapitel 2.2.3: „Chancen der Erweiterung" unter „Studie Social Commerce 2012" und Kapitel 2.2.2: „Mobile-Shopping"), jedoch gibt es auch Richtungen, welche die beiden konkurrierenden Systeme wieder zusammenführen. Dies geschieht, indem die Online-Produktsuche zu unserem Begleiter durch den Alltag werden wird und die

---

[111] Vgl. www.Google.com - AdSense für Suchergebnisseiten (2012)

vorgefundenen Produkte nicht nur in einem Onlineshop, sondern auch in einem realen Kaufhaus um die Ecke empfehlen kann.

Das Thema grafische Mustererkennung gewinnt somit immer mehr an Bedeutung. Zur Verdeutlichung des aktuellen Trends werden im Folgenden zwei zukunftsweisende Produktentwicklungen vorgestellt, deren Kern die grafische Mustererkennung bildet.

5.2.1 Amazon App für iPhone

Eine intuitive, benutzerfreundliche und mobile Variante der Online-Produktsuche soll die iPhone-App von Amazon bieten. Die App soll als Shopping-Client fungieren und Produkte anhand eines aufgenommenen Fotos erkennen. Das Bild wird mit den Produktfotos der Amazon-Datenbank anhand von bestimmten ermittelten Mustern abgeglichen. Liegt eine Übereinstimmung vor, so ist das soeben fotografierte Produkt in der Amazon-Produktpalette enthalten. Der Kunde wird direkt zur Produktseite im Amazon-Onlineshop weitergeleitet.[112]

5.2.2 Google Project Glass

Noch einen Schritt weiter geht Google mit dem Projekt Glass. Hierbei handelt es sich um eine unauffällige Brille, die mit einer Kamera und einem vor dem Auge angebrachten Display ausgestattet ist. Die Brille ist mit dem Internet, und somit auch mit allen erdenklichen Diensten, wie soziale Netzwerke, aktuelle Nachrichten, Navigation und vermutlich auch Onlineshops, verbunden. Was Amazon mit der App softwaretechnisch gelöst hat, ließe sich zusammen mit dem jeweiligen Profilinformationen des Users und weiteren Informationen zu seinem Kaufverhalten (z.B. letzte Produktrecherche) etc. verknüpfen. Diese Informationsbasis könnte mit den empfangenen Daten der Kamera von einer Software in Echtzeit ausgewertet werden. Erscheint vor der Kamera ein infrage kommendes Produkt, so kann der User darauf aufmerksam gemacht und zu möglichen Angeboten in Onlineshops oder weiteren Informationen des Herstellers etc. geleitet werden.[113]

---

[112] Vgl. Amazon Gratis iPhone-App mit Produkterkennung - News - CHIP Handy Welt.pdf (2010)
[113] Vgl. Google-Brille navigiert via Trackpad - Suchmaschinen - derStandard.pdf (2011)

6 Kritische Betrachtung

Wie zu Beginn erwähnt (siehe Kapitel 3.2: „Künstliche neuronale Netze"), eignen sich die KNN nur für bestimmte Aufgabenstellungen. Damit die Aufgaben zufriedenstellend bewältigt werden können, müssen die Netze über einen entsprechenden Aufbau (Topologie) und eine interne Verarbeitungslogik verfügen. Dabei entsteht die Verarbeitungslogik aus der Lernregel und den Lerndaten. Bei Abweichung lediglich eines Faktors (Topologie, Lernregel oder -daten) können viele Problemstellungen entstehen, die das KNN negativ beeinflussen.

Es kann passieren, dass bei geringer Anzahl von Lerndaten mit vielen Wiederholungsläufen in großen Netzen ein Effekt des Auswendiglernens (Overfitting) auftreten kann. Dabei werden zutreffende Ausgaben zu vorgegebenen Eingaben auswendig gelernt ohne, dass eine generalisierte Verarbeitungslogik innerhalb des Netzes aufgebaut wird. Dies führt beim Einsatz des Netzes dazu, dass die Eingaben entweder keiner oder der falschen Kategorie zugeordnet werden.[114]

Die während der Lernphase aufgebaute Verarbeitungslogik stellt eine Näherung zur Lösung einer bestimmten Problemstellung dar. Diese Lösung muss jedoch nicht optimal (für alle Daten), sondern kann unter Umständen auch nur lokal (nur für Lerndaten optimal) sein. Dies gründet auf naturgemäß unvollkommenen Lerndaten, die niemals den vollständigen und tatsächlichen Problemstellungen entsprechen, denn sonst wird auf konventionelle Programmierung zurückgegriffen.[115]

Aus der Architektur heraus können noch weitere Einschränkungen erfolgen. So sind z.B. einschichtige Netze nicht in der Lage eine XOR-Funktion abzubilden, da ihnen die dafür benötigte Rückkopplungsfähigkeit fehlt.[116] Die Zusammenstellung der richtigen Lerninhalte ist für den Erfolgsfaktor des Netzes bei der Bewältigung der Aufgaben von größter Bedeutung. Folgendes Beispiel soll dies verdeutlichen:

Situation: Ein neuronales Netz wird überwacht (siehe auch Kapitel 3.2.4.2: „Überwachtes Lernen") auf die Klassifizierung von Tieren geschult. Nach entsprechendem Training werden die Lerndaten korrekt den Klassen (Fische oder Vögel) zugeordnet.

Problemstellung: Werden dem Netz nun „echte" Daten zur Klassifizierung vorgelegt,

---

[114] Vgl. Nikolaus Petry Fuzzy Logik und neuronale Netze.pdf (1999)
[115] Vgl. Facharbeit - A. Steinmetz - NEURONALE NETZE IN BEZUG AUF MUSTERERKENNUNG.pdf (2003), S. 63 ff.
[116] Vgl. Lippe, Wolfram-Manfred (2005b), S. 79-82

so erfolgt die Zuordnung völlig willkürlich.

Lösung: Das Netz funktioniert aus Sicht der gewählten Topologie und Lernmethode korrekt, das Problem bilden jedoch die Lerninhalte. Während die Fotos der Fische rein zufällig alle schwarz-weiß waren, hatten die Fotos der Vögel alle einen blauen Hintergrund. Das Netz hat also gar nicht nach „Fisch" oder „Vogel", sondern nach „schwarz-weiß" oder „Blau dominiert" zu unterscheiden gelernt.

Aus diesem Beispiel wird auch noch ein weiteres Problem ersichtlich. Auch, wenn die ermittelte Verarbeitungslogik innerhalb des Netzes für die Problemstellung geeignet zu sein scheint, kann sie nicht hundertprozentig geprüft werden. Für einen externen Beobachter ist sie größtenteils intransparent. In der Praxis bedeutet dies eine fehlende Rechtfertigung für eine gefällte Entscheidung, was in vielen Bereichen zu Akzeptanzproblemen führt.

Die geschilderten Kritikpunkte sind typisch für die Mustererkennung, weshalb die genannten Nachteile bei der Wahl des Softwarekonzeptes Berücksichtigung finden müssen.[117]

Das gesamte Konzept der Produktsuchergänzung ist nur dann sinnvoll, wenn das Verhältnis vom Suchaufwand zum Suchergebnis stimmt. Wesentliche Erfolgsfaktoren sind somit die Akzeptanz der Nutzer, verbunden mit Perspektiven einer Absatzerhöhung für die Betreiber der Onlineshop- bzw. Vergleichsportale. Dabei geht es um die Qualität und Handhabung der, auf grafischen Mustererkennung gründenden, Funktion.

Die größten Optimierungspotenziale der Online-Produktsuche liegen nicht zwingend in einer Erweiterung der direkten Sucheingaben. Vielmehr könnten auch algorithmisch einfachere Modelle die Suche durch Ergänzungen, Inhaltsfilterung etc. verbessern. Wird die Suchmaschine in die Lage versetzt, bestimmte Informationen des Nutzers für die Suchoptimierung zu nutzen, könnten bestimmte Sachverhalte besser in einen Kontext gebracht werden. Hierbei würde ein Student im siebten Semester bei der Sucheingabe „LaTeX für Anfänger", ausschließlich die für ihn relevanten Informationen zur Nutzung der Schreibsoftware erhalten.

---

[117] Vgl. Universität Mainz-Apap WI 1997 10-Strecker Stefan.pdf (2012), S. 29

7 Fazit

Die im vorliegenden Kapitel aufgeführten Punkte stellen die Reflexion und das Resümee meiner Bachelorarbeit dar. Die Punkte beziehen sich in ihrem Aufbau auf die zu Beginn definierten Leitfragen.

Die Ausarbeitung hat mit der Vorstellung verschiedener Suchmaschinentypen, samt ihrer Optionen zur Suche eines Produktfotos, begonnen. Daraufhin folgten die Grundlagen der Produktsuchmaschinen und ihrer möglichen funktionalen Erweiterung mit anschließender Betrachtung des stationären wie Mobile-Shoppings.

Ein folgender Schwerpunkt der Arbeit betrachtet ausführlich die neuronalen Netze. Dabei wurden die biologischen Grundlagen zum Aufbau und der Funktionsweise der tierischen Zelle, insbesondere der Neurone, samt biochemischer Prozessabläufe bei der Reizweiterleitung, dargelegt. Die künstlichen Abbilder der Neurone, mit Besonderheiten der internen Struktur, ihrer beispielhaften Umsetzung in Pseudocode und wesentlichen IT-Funktionen ließen sich so erweiternd erläutern. Hierdurch wurde die technische Umsetzung des biologischen Neurons deutlich, welche die Grundlage für den Aufbau eines KNN mit der gewünschten Fähigkeit zur grafischen Mustererkennung bildet.

Nachdem verschiedene topologische Formen der Bildung neuronaler Netze mit fundamentalen Strategien zur logischen Programmierung durch Lernmuster und -regeln aufgezeigt wurden, konnten verschiedene Ansätze zur Umsetzung der Mustererkennungskonzepte betrachtet werden. Im Zuge dessen wurden die Varianten der Musterverarbeitung sowie die einzelnen Schritte der Mustererkennung beschrieben.

Die konzeptionell erarbeiteten Umsetzungsvorschläge zur Optimierung der Online-Produktsuche enthalten mögliche Programmabläufe mit mehreren Verarbeitungsschritten sowie eine beispielhafte Diskussion zu der Definition des Netzes. Die darauffolgende Betrachtung zweier Produkte veranschaulichte letztendlich den Trend der Entwicklungsrichtung zu Mobile-Shopping.

Am Schluss der Arbeit konnten die Themen kritisch - mit Hinblick auf mögliche Alternativen - geprüft und die Einschränkungen der neuronalen Netze sowie der betrachteten Produktsucherweiterung, erörtert werden.

8 Ausblick

Die vielfältigen und umfassenden biologischen Vorbilder geben einen Einblick in die Potenziale der Bionik, die uns zukünftig in vielen Ausführungen - auch seitens der IT - begleiten werden (siehe auch Kapitel 5.2: „Richtungsweisende Entwicklungen"). Zur Verdeutlichung dieser Dimension braucht man nur die Entwicklungen der letzten zehn Jahre auf dem Mobilfunk- und Unterhaltungsmarkt zu betrachten. Beispielsweise gibt es Smartphones, die mit gesprochener Sprache gesteuert, Wikipediawissen abfragen können oder Spielekonsolen, die per Kamera in der Lage sind Körperbewegungen von Spielern als Eingabemuster zur Steuerung des Spiels zu interpretieren. All das sind Mustererkennungssysteme, welche eine gewisse technische Reife erlangt haben und heute erfolgreich vermarktet werden. Der Aspekt der Vermarktungsfähigkeit eines Produktes ist für die Forschung und Weiterentwicklung von ähnlichen Systemen relevant. Die Investitionen seitens der Industrie sowie die Verteilung von Forschungsgeldern seitens des Bundes bleibt die treibende Kraft der Produktinnovation.

Die Gewohnheiten der Menschen gehen mit der technischen Entwicklungen einher. Das Lesen der Nachrichten wie auch die Kontaktpflege über soziale Netzwerke ist mobil geworden. Diesem mobilen Entwicklungsschritt hängt das Thema Mobile-Shopping noch hinterher (Siehe auch Kapitel 2.2.2: „Mobile-Shopping"). Dennoch hat es meiner Ansicht nach große Potenziale für die Zukunft. Dabei kommt der grafischen Mustererkennung, als ein Werkzeug zur Vereinfachung der Handhabung, eine entscheidende Rolle zu.

Es ist demnach erkennbar, dass die Entwicklung KNN-basierter Systeme immer weiter voran schreitet und für einige wissenschaftliche Disziplinen (von künstlicher Intelligenz bis hin zur Wetterforschung) ein großer Hoffnungsträger ist. Die Funktionsweisen der Neurone und der neuronalen Vernetzungen sind jedoch aus biologischer Sicht noch nicht vollständig geklärt. Jeder Fortschritt auf dem Gebiet könnte andere Entwicklungen positiv beeinflussen und neue Möglichkeiten eröffnen. Aus diesem Grund - ist meiner Ansicht nach - vor allem die Herleitung biologischer Prinzipien zur technischen Nachahmung besonders interessant. Daher könnte ich mir weitere Studien auf diesem Gebiet vorstellen.

Literatur

[Albert-Ludwigs-Universität Freiburg- Grundlagen der Mustererkennung - Prof. Dr. H. Burkhardt 2009] BURKHARDT, PROF. DR. H.: *Albert-Ludwigs-Universität Freiburg- Grundlagen der Mustererkennung*. URL: http://lmb.informatik.uni-freiburg.de/lectures/mustererkennung/WS0910/slides/me-i_kap1.pdf, Abruf am 2012-06-20

[Amazon Gratis iPhone-App mit Produkterkennung - News - CHIP Handy Welt.pdf 2010] WWW.CHIP.DE: *Amazon Gratis iPhone-App mit Produkterkennung - News - CHIP Handy Welt*. URL: http://www.chip.de/news/Amazon-Gratis-iPhone-App-mit-Produkterkennung_%40770875.html, Abruf am 2012-06-20

[Apple Patent zur Gesichtserkennung beantragt - News - CHIP Handy Welt 2011] HTTP://WWW.CHIP.DE: *Apple Patent zur Gesichtserkennung beantragt - News - CHIP Handy Welt*. URL: http://www.chip.de/news/Apple-Patent-zur-Gesichtserkennung-beantragt_53565966.html, Abruf am 2012-06-07

[AskWiki - Spracherkennung - Android Apps auf Google Play.pdf 2012] HTTP://WWW.GOOGLE.DE: *AskWiki - Spracherkennung - Android Apps auf Google Play.pdf*. URL: https://play.google.com/store/apps/details?id=com.tlabs.askwiki&hl=de, Abruf am 2012-06-11

[bernhard.jung - VUSSME - slides - ssme12-slides-1.pdf 2012] JUNG, BERNHARD: *bernhard.jung - VUSSME - slides - ssme12-slides-1.pdf*. URL: http://bernhard.jung.name/VUSSME/slides/ssme12-slides-1.pdf, Abruf am 2012-05-31

[Birbaumer, Niels, Schmidt, Robert F. 2005a] BIRBAUMER, NIELS, SCHMIDT, ROBERT F.: *Biologische Psychologie*. 6.Auflage. Heidelberg 2005 - Springer Berlin Heidelberg. - ISBN: 3540254609

[Birbaumer, Niels, Schmidt, Robert F. 2005b] BIRBAUMER, NIELS, SCHMIDT, ROBERT F.: *Biologische Psychologie*. 6.Auflage. Springer Berlin Heidelberg, 2005. - ISBN: 3540254609

[Bonfig, Karl W. 1995] BONFIG, KARL W.: *Sensorik, Bd.7, Neuro-Fuzzy*. 1.Auflage. expert, 1995. - ISBN: 3816911722

[Brand, Matthias, Markowitsch, Hans J., Pritzel, Monika 2009] BRAND, MATTHIAS, MARKOWITSCH, HANS J., PRITZEL, MONIKA: *Gehirn und Verhalten: Ein Grundkurs der physiologischen Psychologie*. 1.Auflage. Spektrum Akademischer Verlag, 2009. - ISBN: 3827423392

[Brecher 2011] BRECHER, Christian: *Integrative Produktionstechnik für Hochlohnländer*. 1.Auflage. Springer Berlin Heidelberg, 2011. - ISBN: 3642206921

[Bürklein, Dominik, Coad, Jane, Dunstall, Melvin, Weber, Regina 2007] BÜRKLEIN, DOMINIK, COAD, JANE, DUNSTALL, MELVIN, WEBER, REGINA: *Anatomie und Physiologie für die Geburtshilfe*. 3.Auflage. LegoPrint Lavis- Italien 2007 - Urban & Fischer Verlag Elsevier GmbH. - ISBN: 3437275402

[Buddecke, Eckhart 1994] BUDDECKE, ECKHART: *Grundriß der Biochemie*. 9.Auflage. De Gruyter Verlag, 1994. – ISBN: 3110144077

[CompactLehrbuch der gesamten Anatomie 2003] GRAUMANN, Sasse D.: *CompactLehrbuch der gesamten Anatomie 01: Allgemeine Anatomie: BD 1*. 1.Auflage. Schattauer, 2003. – ISBN: 3794520610

[CS.Uni-Muenster- Einführung in Neuronale Netze - Geschichte.pdf] CS.UNI-MUENSTER: URL: http://cs.uni-muenster.de/Studieren/Scripten/Lippe/wwwnnscript/ge.html, Abruf am 2012-04-18

[cs.uni-muenster.de-Studieren-Scripten-Lippe-wwwnnscript-prin.html - Prinzipien.pdf] CS.UNI-MUENSTER : URL: http://cs.uni-muenster.de/Studieren/Scripten/Lippe/wwwnnscript/prin.html, Abruf am 2012-05-25

[Dengel, Andreas 2011] DENGEL, ANDREAS: *Semantische Technologien: Grundlagen. Konzepte. Anwendungen*. 1.Auflage. Spektrum Akademischer Verlag, 2011. – ISBN: 9783827426635

[Die Enstehung des ARPANET und seiner Protokolle.pdf 1998] KINKARTZ, STEFAN: *Die Enstehung des ARPANET und seiner Protokolle.pdf*. URL: http://www.friedewald-family.de/Publikationen/ARPANET.PDF, Abruf am 2012-06-20

[Diplomarbeit Marco Polak.pdf 2008] POLAK, MARCO: *Diplomarbeit Marco Polak.pdf*. URL: http://www.gm.fh-koeln.de/~konen/Diplom+Projekte/PaperPDF/Diplomarbeit%20Marco%20Polak.pdf, Abruf am 2012-06-10

[Doerr, Hans W., Gerlich, Wolfram H. 2009] DOERR, HANS W., GERLICH, WOLFRAM H.: *Medizinische Virologie: Grundlagen, Diagnostik, Prävention und Therapie viraler Erkrankungen*. 2.Auflage. Stuttgart 2009 - Georg Thieme Verlag. – ISBN: 3131139625

[Dugandzic, Damir 2007] DUGANDZIC, DAMIR: *Motorisches Lernen - Neuronale Netz*. 1.Auflage. GRIN Verlag, 2007. – ISBN: 3638667197

[ebn24 - Sonderpublikationen - Unbekanntes Wesen Gehirn -Nervenzellen 2012] HTTP://EBN24.COM: *ebn24 - Standorte - Sonderpublikationen - Unbekanntes Wesen Gehirn -Nervenzellen.pdf*. URL: http://ebn24.com/index.php?id=35323, Abruf am 2012-06-19

[eickelerdiss.pdf 2001] EICKELER, DIPL.-ING. STEFAN: *Automatische Bildfolgenanalyse mit statistischen Mustererkennungsverfahren*. URL: http://duepublico.uni-duisburg-essen.de/servlets/DerivateServlet/Derivate-5226/eickelerdiss.pdf, Abruf am 2012-06-20

[Elke von Lienen-Neuronale Netze in der Robotik.pdf 2002] VON LIENEN, ELKE: *Elke von Lienen-Neuronale Netze in der Robotik.pdf*. URL: http://www2.in.tu-clausthal.de/~reuter/ausarbeitung/Elke_von_Lienen_-_Neuronale_Netze_in_der_Robotik.pdf, Abruf am 2012-05-24

[Facharbeit - A. Steinmetz - NEURONALE NETZE IN BEZUG AUF MUSTERERKENNUNG.pdf 2003] A. STEINMETZ, : *Facharbeit - A. Steinmetz - NEURONALE NETZE IN BEZUG AUF MUSTERERKENNUNG.pdf.* URL: http://wwwhomes.uni-bielefeld.de/asteinmetz1/Facharbeit.pdf, Abruf am 2012-05-13

[FOCUS Online - Mobile Shopping 2012] FOCUS ONLINE: *Mobile Shopping - Ein Kaufhaus in der Tasche - Wirtschafts-News - FOCUS Online - Nachrichten.* URL: http://www.focus.de/finanzen/news/web-wirtschaft-wie-das-handy-den-einkauf-revolutioniert_aid_720260.html, Abruf am 2012-03-05

[Gerald Sommer - Neuroinformatik.pdf 2008] SOMMER, GERALD: *Neuroinformatik - Gerald Sommer.* URL: http://www.informatik.uni-kiel.de/inf/Sommer/doc/Downloads/Skripte/neuroskript.pdf, Abruf am 2012-06-20

[Gerlach, Manfred, Warnke, Andreas 2004] GERLACH, MANFRED, WARNKE, ANDREAS: *Neuro-Psychopharmaka im Kindes- und Jugendalter: Grundlagen und Therapie.* 1.Auflage. Wien 2004 - Springer Vienna. – ISBN: 321100825X

[Gesellschaft für Information und Darstellung mbH] GESELLSCHAFT FÜR INFORMATION UND DARSTELLUNG MBH: URL: http://www.gida.de/testcenter/biologie/bio-dvd026/jpg/Tierzelle.jpg, Abruf am 2012-06-19

[Gesundheits-Lexikon-jameda (Neuron) 2008] WWW.JAMEDA.DE: *Neuron-Gesundheits-Lexikon-jameda.pdf.* URL: http://www.jameda.de/gesundheits-lexikon/neuron/, Abruf am 2012-06-19

[Gesundheits-Lexikon-jameda (Synapse) 2008] WWW.JAMEDA.DE: *Synapse-Gesundheits-Lexikon-jameda.pdf.* URL: http://www.jameda.de/gesundheits-lexikon/bilder/big/506833.jpg, Abruf am 2012-06-19

[Google-Brille navigiert via Trackpad - Suchmaschinen - derStandard.pdf 2011] WWW.DERSTANDARD.AT: *Google-Brille navigiert via Trackpad - Suchmaschinen - derStandard.* URL: http://derstandard.at/1336698254989/Project-Glass-Google-Brille-navigiert-via-Trackpad, Abruf am 2012-06-20

[Grillparzer, Marion 2006] GRILLPARZER, MARION: *Körperwissen - Entdecken Sie Ihre innere Welt.* 2.Auflage. GRÄFE UND UNZER Verlag GmbH, 2006. – ISBN: 9783833802218

[Gutenschwager, Kai 2002] GUTENSCHWAGER, KAI: *Online-Dispositionsprobleme in der Lagerlogistik: Modellierung - Lösungsansätze - praktische Umsetzung (Wirtschaftswissenschaftliche Beiträge).* 1.Auflage. Physica-Verlag HD, 2002. – ISBN: 3790814938

[Guttenbergs Plagiatsaffäre - SPIEGEL ONLINE - Nachrichten.pdf 2012] HTTP://WWW.SPIEGEL.DE: *Guttenbergs Plagiatsaffäre - SPIEGEL ONLINE - Nachrichten.* URL: http://www.spiegel.de/thema/wissenschaftsplagiate/, Abruf am 2012-06-08

[Haun, Matthias 1998]   HAUN, MATTHIAS: *Simulation Neuronaler Netze. Eine praxisorientierte Einführung.* 1.Auflage. Expert-Verlag, 1998. – ISBN: 3816915442

[Heckmann, Manfred, Lang, Florian, Schmidt, Robert F. 2004]   HECKMANN, MANFRED, LANG, FLORIAN, SCHMIDT, ROBERT F.: *Physiologie des Menschen. MIT Pathophysiologie.* Auflage: 29. Springer Berlin Heidelberg, 2004. – ISBN: 3540218823

[Heim 2009]   HEIM, Edgar: *Die Welt der Psychotherapie - Entwicklungen und Persönlichkeiten.* 1.Auflage. Klett-Cotta, 2009. – ISBN: 3608945490

[Heinrich, Jana 2010]   HEINRICH, JANA: *Suchmaschinen-Marketing als Teil des Online-Marketings.* 1.Auflage. GRIN Verlag, 2010. – ISBN: 9783656208198

[Heinrich, Peter C., Löffler, Georg, Petrides, Petro E. 2006]   HEINRICH, PETER C., LÖFFLER, GEORG, PETRIDES, PETRO E.: *Biochemie und Pathobiochemie.* 8.Auflage. Heidelberg 2006 - Springer Berlin Heidelberg. – ISBN: 3540326804

[Hirsch-Kauffmann, Monica, Schweiger, Manfred 2006]   HIRSCH-KAUFFMANN, MONICA, SCHWEIGER, MANFRED: *Biologie für Mediziner und Naturwissenschaftler.* 7.Auflage. Stuttgart 2006 - Georg Thieme Verlag. – ISBN: 3137065062

[Hochschule Bremen - Einführung in neuronale netze 1997]   HOCHSCHULE BREMEN: *Hochschule Bremen - Einführung in neuronale netze.* URL: http://www.weblearn.hs-bremen.de/risse/RST/SS97/Synapse/Einfuehrung/einfuehrung.html, Abruf am 2012-05-22

[Hochschule Konstanz - Prof. Dr. Matthias Franz - Mustererkennung und Klassifikation]   FRANZ, PROF. DR. MATTHIAS: URL: http://www.ios.htwg-konstanz.de/joomla_mof/index.php?option=com_docman&task=doc_download&gid=103&&Itemid=103, Abruf am 2012-06-10

[Hollmann, Wildor, Strüder von Schattauer, Heiko K. 2009]   HOLLMANN, WILDOR, STRÜDER VON SCHATTAUER, HEIKO K.: *Sportmedizin - Grundlagen von körperlicher Aktivität, Training und Präventivmedizin.* F.K. Verlag GmbH, 2009

[http://pdf.zeit.de/digital/internet/2012-03/google-semantische-suche.pdf   2012]   ZEIT ONLINE: *ZEIT online - google-semantische-suche.pdf.* URL: http://pdf.zeit.de/digital/internet/2012-03/google-semantische-suche.pdf, Abruf am 2012-06-11

[http://www.3sat.de - Komplexität in der Hirnforschung 2008]   HTTP://WWW.3SAT.DE: *3Sat - Komplexität in der Hirnforschung.pdf.* URL: http://www.3sat.de/page/?source=/scobel/121678/index.html, Abruf am 2012-05-21

[http://www.neuronalesnetz.de]   HTTP://WWW.NEURONALESNETZ.DE: URL: http://www.neuronalesnetz.de/downloads/neuronalesnetz_de.pdf, Abruf am 2012-05-24

[IBMs neuer Chip rechnet (fast) wie wir Technology Review 2011]
HTTP://WWW.HEISE.DE: *IBMs neuer Chip rechnet (fast) wie wir Technology Review.* URL: http://www.heise.de/tr/artikel/
IBMs-neuer-Chip-rechnet-fast-wie-wir-1333507.html, Abruf am 2012-04-20

[Kleine-Depenbrock, Stefan, Kromschröder,B., Wilhelm, J. 1997] KLEINE-DEPENBROCK, STEFAN, KROMSCHRÖDER,B., WILHELM, J.: *Entwicklung eines leistungsfähigen Prognosesystems unter Einsatz künstlicher Intelligenz am Beispiel des DAX-Future.* 1.Auflage. Verlag Versicherungswirtschaft, 1997. – ISBN: 3884876252

[Klöppel, Günter, Kreipe, Hans, Paulus, Werner, Remmele, Wolfgang, Schröder, J. Michael 2012] KLÖPPEL, GÜNTER, KREIPE, HANS, PAULUS, WERNER, REMMELE, WOLFGANG, SCHRÖDER, J. MICHAEL: *Pathologie: Neuropathologie.* 3.Auflage. Springer Berlin Heidelberg, 2012. – ISBN: 3642023231

[Kossa, Wolfgang, Kromschröder, Bernhard, Wilhelm, Jochen 2002] KOSSA, WOLFGANG, KROMSCHRÖDER, BERNHARD, WILHELM, JOCHEN: *Klassifikation unvollständiger Datensätze am Beispiel des Konsumenten-Kreditgeschäfts.* Verlag Versicherungswirtschaft, 2002. – ISBN: 3899520025

[Kristian Alex - Künstliche neuronale Netze in C 2011] KRISTIAN, ALEX: *Kristian Alex - Künstliche neuronale Netze in C.* URL: http://www.codeplanet.eu/tutorials/csharp/70-kuenstliche-neuronale-netze-in-csharp.html, Abruf am 2011-06-23

[Kuenstliche Neuronale Netze.ppt] HARTMANN STEFAN : URL: http://www.google.de/url?sa=t&rct=j&q=neuronale%20netze%20caeser&source=web&cd=1&ved=0CFcQFjAA&url=http%3A%2F%2Fwww.caesar.de%2Ffileadmin%2FDateien%2FBilder%2FVeranstaltungen%2FAngebote_fuer_schueler%2FSimuLab%2FKursmaterialien%2FNeuro3%2FKuenstliche_Neuronale_Netze.ppt&ei=E3zjT__RFIixtAazmJXBBg&usg=AFQjCNGz3PPCUI2F0Wbraqmnj2k2bnCUqg, Abruf am 2012-06-21

[Kuhlmann-Krieg, Susanne, Vogel, Sebastian 2005] KUHLMANN-KRIEG, SUSANNE, VOGEL, SEBASTIAN: *Molekulare Zellbiologie.* 1.Auflage. Springer Berlin Heidelberg, 2005. – ISBN: 3540238573

[Liebich, Hans G. 2009] LIEBICH, HANS G.: *Funktionelle Histologie der Haussäugetiere und Vögel, Lehrbuch und Farbatlas für Studium und Praxis + Histologie online: die Bilddatenbank mit dem Plus.* 5.Auflage. Schattauer Verlag, 2009. – ISBN: 3794526929

[Lippe, Wolfram-Manfred 2005a] LIPPE, WOLFRAM-MANFRED: *Soft-Computing: Mit neuronalen Netzen, Fuzzy-Logic und evolutionären Algorithmen.* 1.Auflage. Springer Berlin Heidelberg, 2005. – ISBN: 3540209727

[Lippe, Wolfram-Manfred 2005b] LIPPE, WOLFRAM-MANFRED: *Soft-Computing: Mit neuronalen Netzen, Fuzzy-Logic und evolutionären Algorithmen.* 1.Auflage. Heidelberg 2005 - Springer Berlin Heidelberg. – ISBN: 3540209727

[Lippert, Herbert 2000] LIPPERT, HERBERT: *Lehrbuch Anatomie*. 5.Auflage. Urban und Fischer Verlag, 2000. – ISBN: 3437423606

[Maaß-Emden, Jan-Philip 2012] MAASS-EMDEN, JAN-PHILIP: *Die wandlungsaffine Unternehmung: Transformation aus der Schwarmforschung und der Neuro-Synergetik*. Auflage: 2012. Gabler Verlag, 2012. – ISBN: 3834939323

[Martin-Bretschneider-Sturzerkennung-zweibeiniger-Roboter.pdf 2005] BRETSCHNEIDER, MARTIN: *Martin Bretschneider - Untersuchungen zur Sturzerkennung zweibeiniger Roboter mit Hilfe von Verfahren zur Mustererkennung*. URL: http://www.bretschneidernet.de/publications/Martin_Bretschneider__Untersuchungen_zur_Sturzerkennung_zweibeiniger_Roboter_mit_Hilfe_von_Verfahren_zur_Mustererkennung.pdf, Abruf am 2012-06-10

[mcCullochPittsZelle.pdf 2006] HTTP://WWW.MEBERLE.CH: *mcCullochPittsZelle.pdf*. URL: http://www.meberle.ch/ws/mcCullochPittsZelle.gif, Abruf am 2012-06-19

[Metasuchmaschine - meta search engine - ITWissen.pdf 2011] WWW.ITWISSEN.INFO: *Metasuchmaschine - meta search engine - IT-Wissen.pdf*. URL: http://www.itwissen.info/definition/lexikon/Metasuchmaschine-meta-search-engine.html, Abruf am 2012-06-19

[Metasuchmaschinen - Liste, Übersicht Metasuchmaschinen.pdf 2012] HTTP://WWW.SUCHMASCHINEN-DATENBANK.DE: *Metasuchmaschinen - Liste, Übersicht Metasuchmaschinen.pdf*. URL: http://www.suchmaschinen-datenbank.de/thema/meta-suchmaschinen/, Abruf am 2012-06-09

[Methoden der Entwicklungspsychologie - Unitschichten] HTTP://WWW.METHODEN-PSYCHOLOGIE.DE: URL: http://www.methoden-psychologie.de/bsp_sim_kogn_repr_2.html, Abruf am 2012-05-25

[Nellessen, Philipp 2005] NELLESSEN, PHILIPP: *Vortriebssynchrone Prognose Der Setzungen Bei Flüssigkeitsschildvortrieben Auf Basis Der Auswertung Der Betriebsdaten Mit Hilfe Eines Neoro-Fuzzy-Systems*. 3.Auflage. Göttingen 2005 - Cuvillier Verlag. – ISBN: 3865375898

[Neue Zürche Zeitung - Online - Nicht jeder erkennt Gesichte.pdf 2008] NACHRICHTEN, NZZ ONLINE: *Nicht jeder erkennt Gesichter*. URL: http://www.nzz.ch/nachrichten/forschung_und_technik/nicht_jeder_erkennt_gesichter_1.1314005.html, Abruf am 2012-05-09

[Nikolaus Petry Fuzzy Logik und neuronale Netze.pdf 1999] PETRY, DR. NIKOLAUS: *Dr. Nikolaus Petry - Fuzzy Logik und neuronale Netze - JurPC Web-Dok. 187 1999, Abs. 1 - 54*. URL: http://www.jurpc.de/aufsatz/19990187.htm, Abruf am 2012-06-20

[O. Bittel - NeuroNetze-4.pdf] O. BITTEL: URL: http://www-home.fh-konstanz.de/~bittel/nnfl/NeuroNetze_4.pdf, Abruf am 2012-06-13

[Pactz, Jürgen 2006] PAETZ, JÜRGEN: *Soft Computing in der Bioinformatik - Eine grundlegende Einführung und Übersicht*. Springer Berlin Heidelberg, 2006. – ISBN: 354029886X

[Prof. Dr. Hans Burkhardt, Institut für Informatik, Universität Freiburg - Grundlagen der Mustererkennung] BURKHARDT, PROF. DR. HANS: URL: http://electures.informatik.uni-freiburg.de/portal/download/44/7560/ME-03-02.pdf, Abruf am 2012-06-10

[Prof. Dr.-Ing. Matthias Hollick - Allgemeine Informatik 1 2012] HOLLICK, PROF. DR.-ING. MATTHIAS: *20120203-lecture-ai1-mod13-rechnernetze.pdf*. URL: http://www.ke.tu-darmstadt.de/vl/pub/AI1-11/Material/20120203_lecture_%ai1_mod13-rechnernetze.pdf, Abruf am 2012-06-20

[Prof. Dr.-Ing. Tatjana Lange - Neuronale Netze.pdf 2002] WWW.IKS.HS-MERSEBURG.DE: *Prof. Dr.-Ing. Tatjana Lange - Neuronale Netze.pdf*. URL: http://www.iks.hs-merseburg.de/~tlange/pdf/Neuronale%20Netze%201.pdf, Abruf am 2012-06-20

[Ritschel, Günther, Ulfig, Norbert 2011] RITSCHEL, GÜNTHER, ULFIG, NORBERT: *Kurzlehrbuch Histologie*. 3.Auflage. Stuttgart 2011 - Georg Thieme Verlag. – ISBN: 3131355735

[Ruelle, David 2010] RUELLE, DAVID: *Wie Mathematiker ticken: Geniale Köpfe - ihre Gedankenwelt und ihre größten Erkenntnisse*. 1.Auflage. Springer Verlag, 2010. – ISBN: 9783642041105

[Schandry 1998] SCHANDRY, Rainer: *Lehrbuch Psychophysiologie*. 4.Auflage. BeltzPVU Verlag, 1998. – ISBN: 3621274162

[Süddeutsche - Vergleichsportale im Internet - Helfer, die ratlos machen 2011] HTTP://WWW.WEBHITS.DE: *Vergleichsportale im Internet - Helfer, die ratlos machen - sueddeutsche.de.pdf*. URL: http://www.sueddeutsche.de/geld/2.220/vergleichsportale-im-internet-helfer-die-ratlos-machen-1.1149159, Abruf am 2012-06-17

[SEO-Suchmaschinenkompetenz.pdf 2008] GAULKE, MARTIN: *Suchmaschinenkompetenz Was wissen wir wirklich über Suchmaschinen? - Eine Untersuchung am Beispiel von Google*. URL: http://www.suchmaschinenkompetenz.de/SEO-Suchmaschinenkompetenz.pdf, Abruf am 2012-06-09

[Steiner-Welz, Sonja 2009] STEINER-WELZ, SONJA: *Die wichtigsten Körperfunktionen der Menschen*. Welz, Reinhard, Vermittlerverlag Mannheim 2005, 2009. – ISBN: 9783939007326

[Studie Social Commerce 2012 2012] STUDIE SOCIAL COMMERCE 2012: *Studie Social Commerce 2012.pdf*. URL: research.yougov.de/filemanager/download/2689, Abruf am 2012-06-02

[Studiengang Scientific Programming - Simulation neuronaler Netze.pdf 2010] SCHNORR, ANDREA: *Studiengang Scientific Programming - Simulation neuronaler Netze.pdf*. URL: https://www.matse.rz.rwth-aachen.de/dienste/public/show_document.php?id=7090, Abruf am 2012-06-20

[TinEye - Rückwärtssuche für Bilder.df 2010] WWW.AT-WEB.DE: *Vergleichende Bildersuche mit Google.* URL: http://www.at-web.de/blog/20101108/tineye-rueckwaertssuche-fuer-bilder.htm, Abruf am 2012-06-02

[Tremel Andreas.pdf 2010] TREMEL, ANDREAS: *Tremel-Andreas.pdf.* URL: http://edoc.ub.uni-muenchen.de/12418/1/Tremel_Andreas.pdf, Abruf am 2012-06-19

[tu-berlin.de-ntctnc.pdf] STEINMETZ, ANDREA: URL: http://mikro.ee.tu-berlin.de/theses/neuro/ntctnc.pdf, Abruf am 2012-05-29

[U-Helmich - Der typische Verlauf eines Aktionspotenzials.pdf 2009] WWW.U-HELMICH.DE: *U-Helmich - Der typische Verlauf eines Aktionspotenzials.pdf.* URL: http://www.u-helmich.de/bio/neu/1/12/121/lz1213.html, Abruf am 2012-06-19

[Uni-Hannover - Travelin Salesman Problem - noehring-ba 2007] UNI-HANNOVER - TRAVELIN SALESMAN PROBLEM - NOEHRING-BA: *Uni-Hannover - Travelin Salesman Problem - noehring-ba.* URL: http://www.thi.uni-hannover.de/fileadmin/forschung/arbeiten/noehring-ba.pdf, Abruf am 2012-05-21

[Uni-Muenster - Vorlesung-softcomputing-kapitel4-0408] UNI-MUENSTER: URL: http://wwwmath.uni-muenster.de/SoftComputing/lehre/material/nnscript/script/Vorlesung-softcomputing-kapitel4-0408.pdf, Abruf am 2012-04-19

[Universität Mainz-Apap WI 1997 10-Strecker Stefan.pdf 2012] HTTP://GEB.UNI-GIESSEN.DE, UNIVERSITÄT MAINZ - STRECKER STEFAN: *Universität Mainz - Strecker Stefan - Künstliche Neuronale Netze -Aufbau und Funktionsweise.* URL: http://geb.uni-giessen.de/geb/volltexte/2004/1697/pdf/Apap_WI_1997_10.pdf, Abruf am 2012-05-21

[Vergleichende Bildersuche mit Google 2011] WWW.AT-WEB.DE: *Vergleichende Bildersuche mit Google.* URL: http://www.at-web.de/blog/20110615/vergleichende-bildersuche-mit-google.htm, Abruf am 2012-06-02

[Vockerodt, Vera 2007] VOCKERODT, VERA: *Einsatz neuronaler Netze zur Mustererkennung.* 1.Auflage. Norderstedt 2007 - GRIN Verlag. – ISBN: 3638691144

[webhits internet design gmbh - Web-Barometer.pdf 2012] HTTP://WWW.WEBHITS.DE: *webhits internet design gmbh - Web-Barometer.pdf.* URL: http://www.webhits.de/deutsch/index.shtml?webstats.html, Abruf am 2012-06-09

[Weinberger 2009] WEINBERGER, Gerald: *Identifikation von Spam-Mail mit künstlichen neuronalen Netzen - Entwicklung eines Verfahrens.* 1.Auflage. Igel Verlag Fachbuch, 2009. – ISBN: 386815261X

[Wiki des Max-von-Laue-Gymnasiums - Das elektronenmikroskopische Bild der Zelle 2011] WIKI DES MAX-VON-LAUE-GYMNASIUMS: *Das elektronenmikroskopische Bild der Zelle.* URL: http://www.mvlg.de/wiki/index.php5?title=Das_elektronenmikroskopische_%Bild_der_Zelle_(LK_11Bi_I%2C_As_2011), Abruf am 2012-06-19 [www.dr-gumpert.de-sehen 2012] JUNGERMANN, DR. MARC: *www.dr-gumpert.de-sehen.pdf.* URL: http://www.dr-gumpert.de/html/sehen.html, Abruf am 2012-06-20

[www.enzyklopaedie-der-wirtschaftsinformatik.de] WWW.ENZYKLOPAEDIE-DER-WIRTSCHAFTSINFORMATIK.DE: URL: http://www.enzyklopaedie-der-wirtschaftsinformatik.de/wi-enzyklopaedie/lexikon/technologien-methoden/KI-und-Softcomputing/Neuronales-Netz, Abruf am 2012-04-19

[www.finanztip.de 2012] WWW.FINANZTIP.DE: *Hinweise zu Preisdatenbanken und Preisvergleichsdiensten.* URL: http://www.finanztip.de/preislotse/, Abruf am 2012-03-18

[www.Google.com - AdSense für Suchergebnisseiten 2012] WWW.GOOGLE.COM: *AdSense für Suchergebnisseiten.* URL: https://www.google.com/adsense/static/de/Afs.html?hl=&sourceid=aso&subid=na-en-et_ET111_CSE_Homepage&medium=et&gsessionid=mclqVcRF-xE5IyPBtsjFsQ, Abruf am 2012-06-13

[www.heise.de - Der Hirn-Simulator Technology Review.pdf 2012] WWW.HEISE.DE: *www.heise.de - Der Hirn-Simulator Technology Review.pdf.* URL: http://www.heise.de/tr/artikel/Der-Hirn-Simulator-1436790.html, Abruf am 2012-06-20

[www.igi.tugraz.at - Einführung.pdf 2000] WWW.IGI.TUGRAZ.AT: *www.igi.tugraz.at - Einführung.pdf.* URL: http://www.igi.tugraz.at/tnatschl/online/3rd_gen_ger/node1.html, Abruf am 2012-05-21

[www.informatik.uni-osnabrueck.de - Vorhersagen mit Neuronalen Netzen.pdf 1998] WWW.INFORMATIK.UNI-OSNABRUECK.DE: *www.informatik.uni-osnabrueck.de - Vorhersagen mit Neuronalen Netzen.pdf.* URL: http://www.informatik.uni-osnabrueck.de/um/96/96.5/thiesing/thiesing.html, Abruf am 2012-05-28

[www.marketing-trendinformationen.de - eResult-top-10-produktsuchmaschinen 2012] WWW.MARKETING-TRENDINFORMATIONEN.DE: *eresult-top-10-produktsuchmaschinen.* URL: http://www.marketing-trendinformationen.de/online-marketing/eresult-top-10-produktsuchmaschinen-4897.html, Abruf am 2012-06-03

[www.morgenstille.at - spiking-neural-networks 2010] HTTP://WWW.MORGENSTILLE.AT: *0408269-spiking-neural-networks.pdf.* URL: http://www.morgenstille.at/blog/wp-content/uploads/2010/06/0408269-spiking-neural-networks.pdf, Abruf am 2012-05-22

[www.politikundunterricht.de 2010] WWW.POLITIKUNDUNTERRICHT.DE: *www.politikundunterricht.de - internet.pdf.* URL: www.politikundunterricht.de-2_3_10-internet.pdf, Abruf am 2012-06-03

[YaCy - Freie Suchmaschinensoftware und dezentrale Websuche.pdf 2011]
HTTP://WWW.YACY.NET/DE/: *YaCy - Freie Suchmaschinensoftware und dezentrale Websuche.pdf.* URL: `http://www.yacy.net/de/`, Abruf am 2012-06-10